sauvage

Savourer la nature

Collection Simple et Chic

Du même auteur

Simple et Chic, photos de Christian Tremblay,
propos de Robert Beauchemin
Prix Gourmand World Cookbook / français, Canada ;
Meilleur livre de recettes relié à une émission de télévision

Sexy – *Cuisiner pour deux*, photos de Christian Tremblay
Collection Simple et Chic

Photos

Photographe :
Christian Tremblay assisté de Pascal Witdouck

Styliste culinaire :
Marie-Ève Charron assistée de Céline Comeau
et Nicolas Normandeau

Accessoires : Caroline Simon
3 Femmes et 1 coussin, Arthur Quentin et Ares
Les fruits et légumes Can-Am, Poissonnerie Odessa
et Boucherie de Tours

Design graphique

Paul Toupin Design

Propos de Vanessa Quintal (pages 10, 46, 98)

ISBN 978-2-89077-380-6
Dépôt légal BAnQ : 2e trimestre 2010

Cet ouvrage a été imprimé par l'imprimerie
Friesens au Manitoba, Canada.
www.flammarion.qc.ca
www.louisfrancois.ca

Catalogage avant publication de Bibliothèque
et Archives nationales du Québec et Bibliothèque
et Archives Canada

Marcotte, Louis-François
Sauvage : savourer la nature
(Collection Simple et chic)
Comprend un index.
ISBN 978-2-89077-380-6
1. Cuisine (Aliments sauvages). I. Titre. II. Collection : Marcotte,
Louis-François. Collection Simple et chic.

TX823.M37 2010 641.6 C2010-940243-X

sauvage

Savourer la nature

LOUIS-FRANÇOIS MARCOTTE

PHOTOS DE CHRISTIAN TREMBLAY

Flammarion
Québec

TABLE

INTRODUCTION DE LOUIS-FRANÇOIS MARCOTTE

Depuis toujours, ma famille se rassemble durant le week-end de l'Action de grâces dans le même chalet de la réserve faunique Mastigouche. Le prétexte ? La chasse au petit gibier. Plus que de beaux souvenirs d'enfance, les randonnées au milieu des épinettes et des bouleaux et les journées passées sur un lac ont certainement éveillé en moi le goût de la nature. Et puis, il y a les récits nettement exagérés, presque rocambolesques, de mon oncle Sylvain et de Jean qui m'ont fait aimer la chasse et la pêche. Pour moi, ce ne sont pas seulement des activités sportives. Savourer la nature, c'est aussi l'amener dans l'assiette.

Cette tradition annuelle a pris l'allure d'une bataille culinaire. Chaque soir, une famille différente s'affaire aux fourneaux et rend les plus grands honneurs à la perdrix, au lièvre, chassés le jour même, ou parfois au chevreuil bien faisandé. Quelques-unes des recettes que vous découvrirez dans ce livre ont été créées, dégustées et approuvées lors de ces festins gargantuesques bien arrosés.

Comme pour plusieurs, j'en suis certain, me retrouver dans le bois est la meilleure des thérapies, une façon de revenir à l'essentiel. Respirer à pleins poumons, fendre des bûches, faire du feu, cueillir des bleuets, vivre simplement avec les personnes que j'aime. Quand je me lève à quatre heures du matin, tout excité de partir avec mes chums pour la chasse à l'oie blanche ou en canot-camping, ma blonde me lance : « Tu es un enfant ! » Elle a bien raison. Mais peut-il y avoir bonheur plus parfait que celui-là ?

SE JETER À L'EAU

SE JETER À L'EAU

Que vous lanciez votre ligne dans les eaux de la mer, du fleuve, du lac, de la rivière, de l'étang ou du ruisseau, il vous faudra toujours attendre… Ces instants suspendus se savourent lentement, bercé par le son des clapotis, soûlé par le vent. Vous partez alors doucement à la dérive. En canot ou au bout du quai, les pieds dans l'eau ou emmitouflé dans une cabane glaciale, le temps s'arrête. Que les soucis semblent loin ! Mais la réalité finit toujours par refaire surface : « Ça mord ! »

SE JETER À L'EAU

Fier de votre belle prise, vous vous demandez à présent quoi en faire ? Plongez-vous dans ces pages. Truite confite tendre et moelleuse, éperlans croustillants, escabèche de doré et saumon fumé à l'érable sauront vous mettre l'eau à la bouche. Si la nature est généreuse, les poissonneries le sont aujourd'hui tout autant. Leurs étals débordent de produits frais de chez nous. Alors, revenez de la pêche (ou du marché) avec des histoires héroïques (vous inventerez bien quelque chose) et taquinez les sens de vos invités. Ces plats délicats déclencheront à leur tour des silences… qui voudront tout dire.

À MARTIN, MON GUIDE DE CHASSE PRÉFÉRÉ ET PÊCHEUR HORS PAIR. LE COMBLE DE SON BONHEUR ET DU MIEN : APPRÊTER CE PLAT AVEC UN POISSON QUE L'ON VIENT TOUT JUSTE DE SORTIR DE L'EAU.

Sashimi, légumes à l'asiatique — 4 personnes, en entrée —

Sashimi

1 filet d'omble chevalier de 225 g (½ lb), sans la peau

2 c. à soupe de jus de lime

2 c. à soupe d'huile d'olive

Fleur de sel ou sel

Légumes

1 petite carotte

2 radis

1 branche de cœur de céleri

1 c. à thé de sucre

2 c. à thé de vinaigre de riz

¼ c. à thé de piment oiseau frais haché ou Sambal Oelek

1 c. à thé d'huile de sésame rôti

4 c. à thé de tamari ou de sauce soya

125 ml (½ tasse) de pois surgelés ou d'edamames*

2 c. à soupe de coriandre hachée

2 c. à soupe de menthe hachée

4 c. à soupe d'arachides légèrement grillées, hachées

Sel et poivre du moulin

*** Il s'agit d'haricots de soya en cosses que l'on trouve à l'épicerie au comptoir des surgelés.**

Le sashimi

Avec un couteau bien aiguisé, émincez finement le poisson. Manipulez-le rapidement et remettez-le au frais. Sortez le poisson du réfrigérateur 10 minutes avant de le servir.

Les légumes

Détaillez la carotte, le radis et le céleri en fines tranches. Dans un saladier, mélangez le sucre, le vinaigre, le piment, l'huile et le tamari. Faites chauffer 30 secondes au micro-ondes jusqu'à ce que le sucre soit dissous. Ajoutez les légumes et les pois et laissez mariner 15 minutes. Au moment de servir, incorporez la coriandre, la menthe et les arachides. Assaisonnez.

Le montage

Dans 4 assiettes, disposez les tranches de poisson et arrosez-les de jus de lime et d'huile d'olive. Salez. Déposez les légumes marinés sur le sashimi et dégustez.

N. B. C'est l'occasion de se rendre chez son poissonnier, car la fraîcheur du poisson est indispensable lorsqu'on le consomme cru.

Trucs

- Pour obtenir des légumes croquants, placez-les dans un bain d'eau avec des cubes de glace quelques minutes.
- Pour couper vos légumes en fines tranches, vous pouvez utiliser la mandoline ou encore un économe.

LE POISSON EST FUMÉ À POINT ET IMPRÉGNÉ D'UNE FINE SAVEUR D'ÉRABLE... UN DÉLICE QUI IMPRESSIONNE TOUJOURS.

Saumon fumé à l'érable au barbecue — 4 personnes —

600 g (1 ⅓ lb) de filet de saumon (partie épaisse) avec la peau

80 ml (⅓ tasse) de gros sel de mer ou à marinade

3 c. à soupe de cassonade

½ c. à thé de poivre noir concassé

Fumage

250 à 500 ml (1 à 2 tasses) de copeaux de bois d'érable*

4 c. à soupe de sirop d'érable

*** On les achète en quincaillerie ou dans les boutiques de plein air.**

La saumure

Retirez les arêtes du poisson. Dans un bol, mélangez le sel, la cassonade et le poivre. Enduisez le poisson de ce mélange et déposez-le dans un plat creux. Couvrez de pellicule plastique et réfrigérez 4 heures.

Les copeaux

Pendant ce temps, faites tremper les copeaux dans l'eau froide au moins 2 heures. Égouttez-les et déposez-en la moitié sur du papier d'aluminium double épaisseur. Refermez le papier d'aluminium pour envelopper parfaitement les copeaux. Percez de minuscules trous sur le dessus de la papillote.

Le fumage

Préchauffez un seul côté du barbecue à forte intensité. Retirez le poisson de la saumure. Rincez sous l'eau courante du robinet afin d'enlever le sel au maximum et épongez bien. Déposez le poisson sur du papier d'aluminium et arrosez de sirop d'érable. Lorsque tout est prêt, déposez la papillote de copeaux sous la grille du côté allumé et fermez le couvercle du barbecue. Dès que la fumée est assez abondante, passez à l'étape du fumage. Déposez le papier d'aluminium avec le poisson du côté éteint du barbecue et faites cuire 15 minutes. Si la fumée commence à s'estomper, préparez une seconde papillote avec le reste des copeaux et remplacez la première papillote. Le poisson est prêt lorsqu'il est à peine ferme au toucher. Le saumon doit conserver sa couleur rosée de mi-cuisson. Taillez en 4 pavés et servez avec une salade de verdure.

Variante

Les filets de maquereau, de truite et le hareng se fument de la même façon. Il faut réduire le temps de macération dans la saumure sèche selon l'épaisseur du poisson.

MON AMI, ET PHOTOGRAPHE DE CES PAGES, NE CESSE DE ME PARLER DE SES ÉPERLANS FRITS. VOICI DONC TA RECETTE, CHRISTIAN... EH OUI, C'EST VRAI QU'ELLE EST SUCCULENTE !

Les éperlans de Christian, sauce ravigote — 4 personnes —

1 kg (2 lb) d'éperlans frais évidés

250 ml (1 tasse) de farine

250 ml (1 tasse) de fécule de maïs

250 ml (1 tasse) d'huile d'olive

Sel

Lavez les éperlans sous l'eau courante du robinet. Asséchez-les au maximum. Mélangez la farine et la fécule dans un sac ou un bol. Mettez quelques éperlans à la fois dans le sac pour les enrober du mélange. Dans une grande poêle, chauffez l'huile à feu modéré-vif et faites cuire quelques éperlans à la fois, 3-4 minutes, ou jusqu'à ce qu'ils soient bien dorés. Déposez-les sur un papier absorbant et saupoudrez-les de sel immédiatement. Gardez-les au four à 120 °C (250 °F) pendant que vous faites cuire les autres éperlans. Servez avec la sauce ravigote.

Sauce ravigote

2 c. à soupe de vinaigre de vin rouge

1 c. à thé de moutarde de Dijon

125 ml (½ tasse) d'huile d'olive

1 c. à soupe de persil haché

1 c. à thé d'estragon haché

½ échalote française hachée

1 c. à soupe de câpres hachées

Sel et poivre du moulin

Dans un petit bol, mélangez le vinaigre et la moutarde. Versez graduellement l'huile en un long filet mince en fouettant sans arrêt pour obtenir une émulsion. Incorporez le restant des ingrédients et rectifiez l'assaisonnement.

ALORS QUE JE COMMENÇAIS DANS LE MÉTIER COMME TRAITEUR, UNE DE MES PREMIÈRES RECETTES AVEC UN SUCCÈS BŒUF !

Escabèche de doré, salade de céleri-rave crémeuse — 4 personnes —

2 c. à soupe d'huile d'olive

1 carotte en rondelles

1 petit oignon rouge en rondelles fines

250 ml (1 tasse) de vin blanc

2 branches de thym

2 feuilles de laurier

1 c. à thé de coriandre en grains grossièrement concassés

½ c. à thé de poivre en grains

80 ml (⅓ tasse) de vinaigre de vin blanc

Zeste de 1 citron lavé

400 g (14 oz) de filets de doré avec la peau

Dans une casserole, à feu doux, chauffez l'huile et faites suer la carotte et l'oignon 3-4 minutes. Versez le vin et ajoutez les aromates, le vinaigre et le zeste. Portez à ébullition, baissez le feu et laissez infuser quelques minutes. Pendant ce temps, retirez les arêtes des filets et déposez-les, côté peau, dans un plat. Versez le liquide chaud sur le poisson. Couvrez et laissez mariner quelques heures, même toute une nuit, au réfrigérateur. Retirez le doré de la marinade.

Servir
Coupez en 4 parts et dressez avec la salade de céleri-rave crémeuse.

Salade de céleri-rave crémeuse

1 petit céleri-rave pelé, en julienne

1 pomme rouge en julienne

250 ml (1 tasse) de jeunes épinards

4 grosses dattes moelleuses (Medjool) dénoyautées, coupées en quartiers

4 c. à soupe de ciboulette hachée

Sel et poivre du moulin

Vinaigrette crémeuse

1 jaune d'œuf

2 c. à thé de moutarde de Dijon

6 c. à soupe d'huile d'olive

2 c. à soupe de yogourt nature

Sel et poivre du moulin

Pour la vinaigrette, fouettez le jaune d'œuf avec la moutarde dans un bol. Versez l'huile en un long filet et continuez de fouetter jusqu'à ce que la sauce épaississe. Incorporez le yogourt et rectifiez l'assaisonnement. Dans un saladier, réunissez tous les ingrédients et arrosez de la vinaigrette.

IL N'EST PEUT-ÊTRE PAS FACILE DE PRÉSENTER CETTE SALADE AVEC ÉLÉGANCE, MAIS JE VOUS ASSURE QUE CELA N'A PAS D'IMPORTANCE VU LA VITESSE AVEC LAQUELLE ELLE SERA DÉVORÉE.

Salade rustique, poissons des chenaux grillés — 4 personnes —

500 ml (2 tasses) de pain de campagne

1 l (4 tasses) de tomates bien mûres en quartiers

1 c. à soupe de sel de mer

2 concombres libanais

½ petit oignon rouge émincé

2 gousses d'ail écrasées

180 ml (¾ tasse) de parmesan râpé

Jus de 1 citron

6 c. à soupe d'huile d'olive

4 c. à soupe de basilic grossièrement haché

Sel et poivre du moulin

Accompagnement
Poissons des chenaux grillés (p. 23)

Préchauffez le four à 180 °C (350 °F). Déchiquetez le pain en morceaux. Sur une plaque à cuisson, faites dorer au four les morceaux de pain environ 15 minutes. Déposez les tomates dans un saladier en les pressant avec vos doigts. Saupoudrez-les de sel. Laissez-les reposer 20 minutes, elles se dégorgeront de leur eau de végétation. (Cette étape est le secret de la réussite de la recette.) Pelez les concombres et coupez-les sur la longueur en tranches fines. Au moment de servir, ajoutez les autres ingrédients dans le saladier qui contient les tomates et leur jus et mélangez. Poivrez et ne salez que si nécessaire. Dégustez sans attendre. Le pain s'imbibera du liquide et sera à la fois légèrement craquant et mouillé pour un maximum de saveur.

Le montage

Dressez la salade dans les assiettes et disposez 1 ou 2 poissons grillés au-dessus.

Variantes

- Vous pouvez remplacer les poissons par des sardines ou des éperlans ou par deux douzaines de moules ou de palourdes fraîches cuites à la vapeur.
- À la place du pain de campagne, prenez 4 pains pitas de grosseur moyenne ouverts en deux et asséchés au four. Cassez en morceaux avant de les ajouter à la salade et remplacez le poisson par des tranches de mozzarella di bufala.

.../23

Poissons des chenaux grillés

4 à 8 poissons des chenaux* selon la grosseur

4 rondelles de citron lavé coupées en 2

16 feuilles de basilic

4 à 8 tranches de bacon

2 c. à soupe d'huile d'olive

Sel et poivre du moulin

*** Le poisson des chenaux (poulamon) est une petite morue à ne pas confondre avec l'éperlan. Il mesure généralement de 20 à 30 cm (8 à 12 po).**

Effectuez une incision sur le ventre des poissons et videz-les. Lavez-les sous l'eau froide du robinet en les frottant avec vos doigts. Épongez-les. ꝏ Salez et poivrez l'intérieur et l'extérieur des poissons. Insérez à l'intérieur 1 ou 2 demi-rondelles de citron et de 2 à 4 feuilles de basilic. ꝏ Enroulez chaque poisson d'une tranche de bacon. Fixez le bacon avec un cure-dents ou une demi-brochette en bois et arrosez d'huile d'olive. ꝏ Au barbecue : préchauffez à intensité maximum et huilez la grille. Faites griller les poissons 2 minutes de chaque côté. Dans une poêle : chauffez un peu d'huile, cuisez les poissons, à feu modéré, 4 minutes de chaque côté. ꝏ Réservez-les jusqu'au moment de servir la salade.

LES CROQUETTES SONT UNE EXCELLENTE FAÇON DE RÉCUPÉRER LES RESTES DE POISSON DU REPAS DE LA VEILLE OU ENCORE D'APPRÊTER CERTAINS POISSONS, COMME LE BROCHET, IMPOSSIBLE À DÉCOUPER EN FILETS !

Croquettes de poisson, crémeux de chèvre, salade de fenouil — 4 personnes —

500 g (1 lb) de brochet (maskinongé, doré...) sans la peau

1 œuf

3 c. à soupe de crème sure

Zeste de 2 citrons lavés

3 c. à soupe de ciboulette hachée

3 c. à soupe de menthe hachée

Chapelure nature en quantité suffisante

125 ml (½ tasse) d'huile d'olive

Sel et poivre du moulin

Accompagnement
Crémeux de chèvre (p. 27)

Salade de fenouil citronnée (p. 27)

Préchauffez le four à 190 °C (375 °F). Retirez les arêtes du brochet (soyez vigilant, elles sont nombreuses). Combinez, dans le récipient du robot culinaire, le poisson et l'œuf et broyez. Transvidez dans un bol et incorporez la crème sure, le zeste et les herbes. Salez, poivrez. Façonnez 10 (ou 4 grosses) croquettes et enrobez chacune d'elles de chapelure. Dans une grande poêle, chauffez l'huile à feu vif et faites dorer les croquettes 3 minutes de chaque côté. Déposez-les sur une plaque à cuisson et enfournez 8 minutes. Servez avec le crémeux de chèvre et accompagnez de la salade de fenouil citronnée.

.../27

Crémeux de chèvre

125 ml (½ tasse) de fromage de chèvre frais non affiné

2 c. à soupe de crème 15 %

½ c. à thé de poivre du moulin

Prévoyez de sortir le fromage du réfrigérateur au moins 30 minutes à l'avance. Dans un bol, mélangez tous les ingrédients et réservez à la température ambiante.

Variante

Avec une fourchette, écrasez de la feta et délayez-la avec un peu de crème.

Salade de fenouil citronnée

2 c. à soupe de jus de citron

2 c. à soupe de miel

5 c. à soupe d'huile d'olive

1 bulbe moyen de fenouil émincé finement

500 ml (2 tasses) de roquette déchirée ou de petite roquette

3 c. à soupe de ciboulette hachée

2 c. à soupe de menthe hachée

Sel et poivre du moulin

Dans un petit bol, fouettez le jus de citron et le miel. Lorsque ce dernier est dissous, ajoutez l'huile. Salez et poivrez. Dans un saladier, mélangez le reste des ingrédients avec la vinaigrette.

VOICI UNE RECETTE IDÉALE POUR RECEVOIR. VOUS LA PRÉPAREZ, VOUS L'OUBLIEZ, ET ELLE EST PARFAITE QUAND VOUS ÊTES PRÊT À PASSER À TABLE.

Truite confite — 4 personnes —

2 filets de truite assez épais de 360 g (¾ lb) chacun, sans la peau

1 c. à soupe de sel de mer

1 c. à thé de poivre du moulin

125 ml (½ tasse) d'herbes hachées (aneth, persil, estragon, menthe...)

1 citron lavé, en fines rondelles

2 feuilles de laurier

3 gousses d'ail émincées

500 ml (2 tasses) d'huile d'olive

Mettez les filets de truite dans un grand plat creux. Saupoudrez-les de sel et de poivre et répartissez uniformément les herbes sur le dessus. Couvrez le plat d'une pellicule plastique et réfrigérez au moins 20 minutes. ⚭ Préchauffez le four à 90 °C (190 °F). Enlevez les herbes sur les filets et rincez-les sous l'eau froide courante. Prenez soin de bien les éponger. (Le rinçage est une étape importante, sinon le poisson sera trop salé.) ⚭ Choisissez un plat allant au four juste assez grand pour y accueillir les filets côte à côte. Cela permettra d'utiliser moins d'huile. Disposez sur les filets les rondelles de citron et les feuilles de laurier. Parsemez l'ail et versez assez d'huile pour couvrir entièrement le poisson. Enfournez pendant 20 minutes. ⚭ Au terme de la cuisson, retirez la truite de l'huile et laissez-la égoutter sommairement sur du papier absorbant.

Servir

La truite confite s'accommode d'une simple salade ou comme élément de recette dans les orecchiette à la truite confite (p. 30) et le carpaccio, truite confite en mayonnaise (p. 58).

Conservation

Le poisson confit se conserve plusieurs jours au réfrigérateur dans son huile de cuisson. Quant à l'huile, vous pouvez l'émulsionner en mayonnaise aromatisée au citron. Avant de vous en servir, filtrez-la et laissez-la refroidir.

Variante

Vous pourriez utiliser l'omble de l'Arctique ou un poisson à chair grasse.

J'AIME BIEN LES ORECCHIETTE QUI RESSEMBLENT À DE PETITES CUILLÈRES À CAPTURER LES SAVEURS. TOUS LES POISSONS SE PRÊTERONT AU JEU, MÊME CELUI DE LA VEILLE OU CELUI EN CONSERVE.

Orecchiette à la truite confite, pesto de brocoli — 4 à 6 personnes —

500 g (1 lb) d'orecchiette ou de coquillettes

1 recette de pesto de brocoli (ci-dessous)

½ recette de truite confite (p. 28) en morceaux

Zeste de 2 citrons lavés

Copeaux de cheddar âgé

Faites cuire les pâtes selon les indications sur l'emballage. Réservez 80 ml (1/3 tasse) d'eau de cuisson avant de les égoutter. ⚭ Remettez les pâtes dans la casserole sur le feu et réchauffez-les rapidement en incorporant le pesto et l'eau de cuisson réservée. ⚭ Juste avant de servir, ajoutez les morceaux de truite confite et mélangez délicatement. ⚭ Servez dans des bols et parsemez généreusement de zeste de citron et de copeaux de fromage.

Pesto de brocoli

250 ml (1 tasse) de brocoli en bouquets

250 ml (1 tasse) de basilic haché

125 ml (½ tasse) de parmesan râpé

2 gousses d'ail hachées

125 ml (½ tasse) de noix rôties (pignons, pacanes, noisettes...)

180 ml (¾ tasse) d'huile d'olive

Sel et poivre du moulin

Mettez tous les ingrédients, à l'exception de l'huile, dans le récipient d'un robot culinaire. Broyez, en ajoutant graduellement l'huile d'olive en un long filet, jusqu'à l'obtention d'une texture presque lisse. ⚭ Rectifiez l'assaisonnement.

MALGRÉ SON ALLURE SOPHISTIQUÉE,
UN PLAT SIMPLE ET RÉCONFORTANT.

Doré, bouillon, purée de carottes au citron — 4 personnes —

2 filets de doré avec la peau de 225 g (½ lb) chacun

2 c. à soupe de beurre

1 c. à soupe d'huile d'olive

Sel et poivre du moulin

Accompagnement
Purée de carottes au citron (p. 35)

Bouillon de bœuf asiatique (p. 35)

Asséchez les filets de poisson et coupez 4 parts. Pratiquez des incisions côté peau, salez et poivrez généreusement. Dans une poêle, faites mousser le beurre et l'huile avant d'y déposer les filets, côté peau. Laissez cuire 3 minutes avant de les retourner, côté chair, et poursuivez la cuisson 3 minutes.

Le montage

Dans chaque assiette creuse, mettez une bonne cuillerée de purée de carottes, arrosez d'une louche de bouillon de bœuf et placez un morceau de doré sur le dessus.

.../35

Bouillon de bœuf asiatique

½ tige de citronnelle ou le zeste de 2 limes lavées

2 cm (¾ po) de gingembre

500 ml (2 tasses) de bouillon de bœuf

½ piment oiseau coupé en 2 ou un soupçon de piment, au choix

1 bâton de cannelle

Sel et poivre du moulin

Retirez les feuilles extérieures de la citronnelle. Pelez et coupez en tranches le gingembre. Dans une casserole, portez le bouillon à ébullition avec tous les ingrédients. À feu très doux, laissez infuser 20 minutes. À l'aide d'une écumoire, retirez les aromates. Rectifiez l'assaisonnement. Réservez le bouillon au chaud jusqu'au service.

Purée de carottes au citron

8 carottes moyennes en rondelles fines

125 ml (½ tasse) de lait

125 ml (½ tasse) de bouillon de légumes

1 c. à soupe de beurre

2 c. à thé de miso* (facultatif)

Zeste de 1 citron lavé

Sel et poivre du moulin

* Cette pâte faite à partir de soya se trouve dans les épiceries d'aliments naturels et les épiceries asiatiques.

Dans une casserole, faites cuire les carottes, à couvert et à feu très doux, dans le lait et le bouillon jusqu'à tendreté, environ 30 minutes. Transvasez dans le récipient d'un mélangeur et broyez avec le beurre et le miso jusqu'à l'obtention d'une texture lisse et homogène. Avant de servir, incorporez le zeste de citron et rectifiez l'assaisonnement.

J'AI EU LA CHANCE DE CONNAÎTRE DE PRÈS LA CULTURE MAGHRÉBINE, CE QUI M'A DONNÉ LE GOÛT DE JOUER AVEC LES ÉPICES.

Papillote de morue, chermoula — 4 personnes —

4 morceaux de morue de 170 g (6 oz) chacun

1 recette de chermoula (ci-dessous)

Zeste de 2 citrons lavés

4 c. à soupe d'huile d'olive

Accompagnement
Haricots blancs au chorizo (p. 38)

Préchauffez le four à 215 °C (420 °F). Salez et poivrez généreusement le poisson de tous les côtés. Déposez chaque morceau de morue sur du papier d'aluminium double épaisseur. Répartissez également la chermoula sur le poisson et parsemez de zeste de citron. Arrosez d'huile et refermez le papier de façon à obtenir une papillote hermétique. Enfournez 15 minutes, ou moins si vos filets ne sont pas épais. Sous l'effet de la chaleur, la papillote doit gonfler. Faites attention lors de l'ouverture du papier, la vapeur peut causer des brûlures. Servez la morue dans une assiette creuse, arrosée de son jus de cuisson, avec les haricots blancs au chorizo.

Chermoula

2 c. à soupe de beurre

1 c. à soupe d'huile d'olive

1 oignon haché

½ c. à thé de graines de cumin ou de cumin moulu

1 gousse d'ail hachée

½ c. à thé de flocons de piment, au goût

2 c. à soupe de raisins secs dorés hachés grossièrement

180 ml (¾ tasse) de coriandre hachée

4 c. à soupe d'huile d'olive

Sel et poivre du moulin

Dans une poêle, à feu moyen, faites mousser le beurre et l'huile et revenir l'oignon jusqu'à ce qu'il devienne doré. Ajoutez le cumin, l'ail et le piment. Poursuivez la cuisson 2 minutes afin de dégager entièrement les parfums. Incorporez les raisins secs, la coriandre, l'huile, le sel et le poivre. Réservez.

Conservation

La chermoula peut se préparer à l'avance et se conserver quelques jours au réfrigérateur. Elle accompagne aussi bien les poissons que les viandes blanches.

UN ACCOMPAGNEMENT INSPIRÉ DE LA CUISINE PORTUGAISE DE MON AMI CARLOS FERREIRA. LE LENDEMAIN, ON PEUT EN FAIRE UNE SALADE FROIDE EN Y AJOUTANT QUELQUES TOMATES FRAÎCHES.

Haricots blancs au chorizo — 4 personnes —

1 saucisse chorizo de 15 cm (6 po) en rondelles

½ poivron rouge en dés

2 gousses d'ail émincées

2 c. à soupe d'huile d'olive

1 boîte de 540 ml (19 oz) d'haricots blancs, rincés plusieurs fois

125 ml (½ tasse) de persil haché ou de petite roquette

Sel et poivre du moulin

Dans une grande poêle, à feu modéré-vif, sans ajouter de corps gras, faites revenir le chorizo jusqu'à ce qu'il devienne légèrement croustillant. Ajoutez le poivron, l'ail et la moitié de l'huile et laissez cuire encore 1 minute. Incorporez les haricots et poursuivez la cuisson seulement pour les réchauffer. Au moment de servir, ajoutez le persil et encore un peu d'huile. Rectifiez l'assaisonnement.

LE SAFRAN DONNE CETTE BELLE COULEUR CHAUDE, ET LES HERBES, À AJOUTER SANS MODÉRATION, CE BON GOÛT DE FRAÎCHEUR.

Couscous safrané aux herbes — 2 personnes —

180 ml (¾ tasse) de bouillon de poulet

¼ c. à thé de safran

½ c. à thé de curcuma

125 ml (½ tasse) de couscous

2 c. à soupe d'huile d'olive

4 c. à soupe d'un mélange d'herbes (coriandre, persil, menthe) hachées

Sel et poivre du moulin

Faites chauffer le bouillon et ajoutez-y le safran et le curcuma. Dans un bol, versez le couscous, 1 c. à soupe d'huile d'olive et assaisonnez. Mélangez avec les mains, afin que l'huile enrobe chaque grain, et versez le bouillon chaud. Couvrez et laissez reposer 10 minutes. Ajoutez un peu de bouillon, si nécessaire. Incorporez le restant d'huile et parsemez les herbes au-dessus avant de servir.

Servir

Tel quel ou mélangé avec la salade d'orange et de dattes (ci-dessous).

Salade d'orange et de dattes

1 orange

2 dattes moelleuses dénoyautées

Quelques feuilles de chicorée ou de radicchio

2 c. à soupe de menthe hachée

2 c. à soupe d'huile d'olive

Sel et poivre du moulin

Coupez l'orange à vif et taillez-la en rondelles de 0,5 cm (¼ po). Dénoyautez les dattes et coupez-les en quartiers. Dans un saladier, combinez tous les ingrédients et mélangez.

POUR MOI, C'EST LA MEILLEURE FAÇON DE MANGER UN POISSON. L'EXTÉRIEUR EST CROUSTILLANT, L'INTÉRIEUR, TENDRE ET JUTEUX. EN HIVER, JE LE METS AU FOUR À TEMPÉRATURE ÉLEVÉE.

Truite entière au barbecue — 2 personnes —

1 grosse truite de 500 g (1 lb)

1 c. à soupe de purée d'ail rôti (ci-dessous)

1 échalote française en rondelles

Zeste de 1 orange lavée

1 orange lavée en rondelles

2 c. à soupe d'huile d'olive

Sel et poivre du moulin

Accompagnement
Couscous safrané aux herbes (p. 39)

Salade d'orange et de dattes (p. 39)

Préchauffez le barbecue à forte intensité. À l'aide de ciseaux, coupez les nageoires. Écaillez et videz la truite, rincez sous l'eau froide du robinet et asséchez l'intérieur. Salez, poivrez généreusement la chair et badigeonnez-la de purée d'ail rôti. Insérez l'échalote, le zeste et les rondelles d'orange. Versez un peu d'huile d'olive dans la cavité du poisson. Refermez avec des demi-brochettes en bois ou enveloppez dans du papier d'aluminium. (Si vous le pouvez, remplissez la truite quelques heures à l'avance afin que le parfum des aromates en imprègne la chair.) Déposez le poisson sur la grille du barbecue bien huilée. Faites cuire 5-6 minutes de chaque côté. Servez avec le couscous safrané et la salade d'orange et de dattes.

Purée d'ail rôti

2 têtes d'ail entières

2 c. à thé d'huile d'olive

4 branches de thym frais

Sel et poivre du moulin

Préchauffez le four à 220 °C (425 °F). Déposez sur du papier d'aluminium les têtes d'ail, arrosez d'huile d'olive, assaisonnez et ajoutez les branches de thym. Refermez le papier de façon hermétique et enfournez 45 minutes. Retirez du four, ouvrez le papier avec précaution et laissez refroidir. À l'aide d'un couteau, écrasez chaque gousse pour en retirer la pulpe. Mélangez à la fourchette et réservez au réfrigérateur jusqu'à l'utilisation. Rehausse un poisson, une viande grillée, une pâte...

UN BEAU SOUVENIR D'ENFANCE. MA MÈRE VERSAIT SUR SON PÂTÉ UNE SAUCE BÉCHAMEL AVEC DES MORCEAUX D'ŒUFS CUITS DUR. UN PUR BONHEUR !

Le fameux pâté au saumon — 6 personnes —

3 pommes de terre Yukon Gold pelées, en cubes

180 ml (¾ tasse) de lait

4 c. à soupe de beurre

1 poireau émincé finement

1 boîte de 284 ml (10 oz) de maïs en crème

1 filet de 600 g (1 ⅓ lb) de saumon, sans la peau

2 c. à soupe d'huile d'olive

Zeste de 2 citrons lavés

1 recette de pâte brisée (ci-dessous)

Lait pour la dorure

Sel et poivre du moulin

Les légumes

Dans une casserole d'eau salée, cuisez les pommes de terre jusqu'à ce qu'elles soient tendres. Égouttez. ∞ À l'aide d'un pilon, écrasez-les. Incorporez le lait. ∞ Dans une poêle, chauffez le beurre, à feu doux, et faites revenir le poireau jusqu'à ce qu'il devienne tendre et translucide. Ajoutez le poireau et le maïs en crème à la purée et rectifiez l'assaisonnement.

Le saumon

Préchauffez le four à 190 °C (375 °F). Sur une plaque à cuisson couverte de papier parchemin, déposez le filet de saumon. Salez, poivrez et arrosez d'huile. Enfournez 8 minutes. ∞ À l'aide d'une fourchette, écrasez la chair pour la défaire en flocons. ∞ Incorporez le poisson à la purée et parsemez le zeste.

Le pâté

Préchauffez le four à 190 °C (375 °F). Foncez un moule à tarte de 23 cm (9 po). ∞ Remplissez avec la garniture au saumon et couvrez de la seconde abaisse. Badigeonnez le lait. ∞ Enfournez 30 minutes jusqu'à ce que la pâte soit bien dorée.

Pâte brisée

625 ml (2 ½ tasses) de farine

180 ml (¾ tasse) + 2 c. à soupe de beurre à la température ambiante

½ c. à thé de sel

180 ml (¾ tasse) d'eau très froide

Combinez la farine, le beurre en morceaux et le sel dans le récipient d'un robot culinaire. Actionnez par touches successives jusqu'à l'obtention d'une texture grumeleuse. ∞ Incorporez l'eau froide en filet, en actionnant le robot jusqu'à l'obtention d'une boule. ∞ Enveloppez la pâte dans une pellicule plastique et placez-la au réfrigérateur 15 minutes. ∞ Sur un plan de travail fariné, coupez la pâte en 2 parts égales. Abaissez la pâte pour obtenir 2 cercles de 28 cm (11 po) de diamètre et de 0,5 cm (¼ po) d'épaisseur.

À POIL ET À PLUMES !

À POIL ET À PLUMES !

Le soleil se lève, le froid se dissipe, des oiseaux piaillent, des branches craquent. Tapi dans l'ombre, le chasseur traque. S'il est chanceux, il aura le grand privilège de déguster ce soir une viande au goût sauvage de la forêt. Mais n'est pas homme des bois qui veut. À défaut d'avoir vécu l'aventure de la chasse, le gibier d'élevage, préparé à notre façon, vous fera vivre une expérience gustative qui ne manquera pas de panache !

À POIL ET À PLUMES !

Suivez les pistes de Louis-François. Grâce à une riche histoire familiale en la matière, il a mûri, cuit, rôti, poêlé, confit, boucané et finalement couché sur papier des recettes savoureuses qui transformeront vos précieux produits en véritables merveilles. Carpaccio de cerf, magrets de canard farcis, lapin à la moutarde ou encore oie entière feront de vos repas une fête plus grande que nature.

PETITS ET GRANDS ENFANTS RAFFOLENT DE CES BOULETTES ET DE LEUR SURPRISE FONDANTE AU CENTRE. JE LES ARROSE D'UN VIEUX VINAIGRE BALSAMIQUE ET *THAT'S IT !*

Bouchées à la saucisse de gibier au fromage — 20 boulettes —

4-5 saucisses de gibier* (500 g/1 lb) ou italiennes

2 c. à soupe d'origan haché ou ½ c. à thé séché

1 œuf

125 ml (½ tasse) de chapelure nature ou italienne

170 g (6 oz) de fromage à pâte ferme de type gruyère

2 c. à soupe de vinaigre balsamique âgé

Sel et poivre du moulin

* Plusieurs boucheries offrent une variété de saucisses préparées à partir de gibier : chevreuil, bison, sanglier, lapin, canard...

Retirez l'enveloppe des saucisses et combinez la chair à saucisse, l'origan, l'œuf, la chapelure dans un bol. Salez et poivrez. Mélangez jusqu'à l'obtention d'une pâte homogène. (Pour vérifier l'assaisonnement, faites-en cuire une petite quantité au micro-ondes.) Préchauffez le four à 200 °C (400 °F). Coupez le fromage en dés de 1 cm (3/8 po). Façonnez des boulettes avec le mélange de viande et insérez au centre de chacune un cube de fromage (ce sera plus facile si vous mouillez vos mains). Déposez-les sur une plaque à cuisson huilée et enfournez 12 minutes. Au service, aspergez de vinaigre balsamique.

N. B. Si vous êtes chasseur et que vous avez apporté votre gibier au boucher pour le dépecer, il vous aura sûrement remis une grande quantité de viande hachée. Ces boulettes, les mini-rouleaux impériaux (p. 50) et les cretons de gibier (p. 52) seront très appréciés en hors-d'œuvre.

VOICI UNE FAÇON ORIGINALE DE CUISINER LA VIANDE HACHÉE. LES ROULEAUX NON CUITS SE CONGÈLENT TRÈS BIEN ET SONT PRATIQUES QUAND ON REÇOIT À L'IMPROVISTE.

Mini-rouleaux impériaux — 20 rouleaux —

Huile végétale pour la friture

360 g (¾ lb) de viande* hachée

3 c. à soupe d'oignon haché finement

1 gousse d'ail hachée finement

1 c. à thé de gingembre râpé

2 c. à soupe de ciboulette hachée

1 c. à soupe d'huile de sésame rôti

1 c. à soupe d'huile végétale

2 c. à soupe de sauce soya

20 pâtes carrées à won ton

Sel et poivre du moulin

*** Aussi bien du gibier à poil que du gibier à plumes.**

Si vous possédez une friteuse, préchauffez l'huile à 190 °C (375 °F). Dans un bol, combinez tous les autres ingrédients, à l'exception des pâtes à won ton. Mettez 5 pâtes à won ton sur un plan de travail et déposez une cuillerée de farce au centre de chacune. Réservez les autres pâtes sous un linge humide. À l'aide d'un pinceau, badigeonnez d'eau le contour de la pâte. Enveloppez la garniture en roulant la pâte. Pincez entre vos doigts les extrémités de chaque rouleau pour les sceller parfaitement. Procédez de même avec le restant de pâte et de garniture. Faites-les frire, dans la friteuse ou dans une poêle profonde avec un fond d'huile, de 2 à 3 minutes de chaque côté. Déposez les rouleaux impériaux sur un papier absorbant. Salez et dégustez.

POURQUOI ACHETER DES CRETONS À L'ÉPICERIE ? C'EST SI FACILE À CONCOCTER, BEAUCOUP MOINS GRAS ET MILLE FOIS MEILLEUR. QUAND MA MÈRE M'EN APPORTE, ILS DISPARAISSENT À LA VITESSE GRAND V.

Cretons de gibier — 8 ramequins de 125 ml (½ tasse) —

500 g (1 lb) de gibier haché (canard, chevreuil, lapin...)

300 g (10 ½ oz) de porc haché très gras

1 petit oignon haché finement

2 gousses d'ail hachées

2 clous de girofle

2 feuilles de laurier

125 ml (½ tasse) de persil haché

80 ml (⅓ tasse) de ciboulette hachée

Sel et poivre du moulin

Mettez tous les ingrédients dans une casserole, à l'exception des herbes fraîches. Versez suffisamment d'eau pour couvrir les aliments. Faites cuire à feu doux 30 minutes, en défaisant régulièrement les morceaux de viande avec une cuillère en bois. Lorsque la cuisson est terminée, retirez les clous de girofle et les feuilles de laurier. Assaisonnez généreusement et ajoutez les herbes. Remplissez les ramequins et réfrigérez au moins 2 heures avant de servir.

N. B. Plus le porc haché sera gras, plus onctueux seront vos cretons. Demandez à votre boucher de la gorge de porc hachée.

Conservation
Faites-en provision, car les cretons se congèlent bien, surtout en petites portions.

Variante
Vous pouvez choisir toute viande de gibier, à l'exception de l'orignal.

C'EST AINSI QUE FINISSENT LA PLUPART DE MES OUTARDES. UN CONSEIL : GARDEZ-VOUS UN PEU DE GRAS POUR Y FAIRE REVENIR VOS PATATES AU DÉJEUNER...

Rillettes d'oie — 4 ramequins de 160 ml (2/3 tasse) —

3 cuisses d'oie (1 kg/2 lb) avec la peau

3 c. à soupe de gros sel

1 c. à thé de poivre grossièrement concassé

1 c. à thé de piment de la Jamaïque moulu*

1 feuille de laurier grossièrement broyée

750 ml (3 tasses) de gras de canard

1 petit oignon coupé en 2

2 gousses d'ail

Sel et poivre du moulin

*** Parfois appelé toute-épice.**

Retirez la peau des cuisses d'oie, hachez-la grossièrement et réservez au réfrigérateur. Dans un bol, mélangez le gros sel, le poivre, le piment de la Jamaïque et le laurier. Enduisez les cuisses des épices et frottez avec les mains pour que le mélange adhère bien. Mettez les cuisses dans un sac en plastique refermable et réfrigérez 6 heures. Préchauffez le four à 110 °C (225 °F). Rincez les cuisses et asséchez-les. Dans une marmite pouvant les contenir, faites fondre à feu doux le gras de canard. Ajoutez la peau réservée, les cuisses, l'oignon et l'ail. Enfournez à découvert 3 heures. Retirez la viande, les oignons et l'ail. Laissez refroidir avant de désosser les cuisses et de défaire la chair à l'aide d'une fourchette. Hachez l'oignon finement, écrasez l'ail et ajoutez-les à la viande. Incorporez suffisamment de gras de cuisson pour enrober les morceaux de viande, environ 125 ml (½ tasse). Salez, poivrez de nouveau et, si désiré, rajoutez du piment de la Jamaïque. Remplissez les ramequins et réfrigérez au moins 3 heures avant de servir avec des croûtons.

Conservation

- Les rillettes se conservent au réfrigérateur 1 semaine. Vous apprécierez avoir des réserves au congélateur pour les imprévus.
- Le restant du gras de cuisson doit être filtré et transféré dans des bocaux hermétiques. Utilisez ce gras pour faire sauter vos légumes particulièrement les pommes de terre et rehausser une potée de lentilles.

L'UN DE MES PREMIERS SUCCÈS. J'AVAIS 12 ANS, ET LES EXCLAMATIONS DE PLAISIR DE MA FAMILLE ONT COMPTÉ DANS MON CHOIX DE CARRIÈRE. BON, D'ACCORD, MA MÈRE M'AVAIT UN PEU AIDÉ...

Mousse de foie de volaille — 4 bocaux de 250 ml (1 tasse) —

8 c. à soupe de beurre

3 échalotes françaises émincées

3 gousses d'ail hachées

800 g (1 ¾ lb) de foies de volaille (canard, poulet, lapin...) parés, asséchés

4 c. à soupe d'armagnac ou d'un alcool au choix

125 ml (½ tasse) de crème 15 %

1 pomme rouge, pelée, épépinée, en dés

5 pruneaux dénoyautés

2 c. à soupe d'eau

16 pistaches entières grillées (facultatif)

Sel et poivre du moulin

Dans une grande poêle, chauffez 2 c. à soupe de beurre à feu modéré et faites suer les échalotes et l'ail. ∞ Augmentez le feu, ajoutez les foies de volaille, assaisonnez et laissez cuire 3-4 minutes. (Les foies doivent conserver une couleur rosée au cœur.) ∞ Déglacez la poêle avec l'alcool et retirez du feu. Laissez refroidir. ∞ Transvidez dans le récipient d'un robot culinaire et ajoutez 6 c. à soupe de beurre à la température ambiante. Broyez pour obtenir une texture lisse et homogène. ∞ Ajoutez la crème et actionnez de nouveau le robot quelques secondes. Rectifiez l'assaisonnement. ∞ Transvidez la mousse dans un bol, couvrez d'une pellicule plastique et réservez. ∞ Dans un autre bol, mettez la pomme, les pruneaux et l'eau. Couvrez d'une pellicule plastique et faites cuire au micro-ondes 3 minutes. ∞ Nettoyez le récipient du robot et mettez-y le mélange. Broyez jusqu'à l'obtention d'une texture lisse. ∞ Remplissez à mi-hauteur les bocaux de mousse de volaille, couvrez d'une couche de mélange de fruits et finissez avec un étage de mousse. Garnissez de quelques pistaches grillées. ∞ Réfrigérez au moins 2 heures avant de servir avec du pain grillé.

Conservation

Vous pouvez aussi utiliser des ramequins, mais les bocaux Mason de 250 ml (1 tasse) se prêtent mieux à la conservation. Consommez la mousse dans la semaine ou mettez-la au congélateur.

CELA EXIGE DE LA PATIENCE, MAIS ELLE SERA RÉCOMPENSÉE, CROYEZ-MOI. ON DÉCOUPE EN FINES TRANCHES ET ON SAVOURE À L'APÉRO. IMBATTABLE !

Magret de canard séché — 4 personnes, en entrée —

1 magret de canard de 360 g (¾ lb)

250 ml (1 tasse) de gros sel

2 c. à soupe de piment d'Espelette ou de piment broyé

Mettez le magret dans un plat et couvrez-le complètement de gros sel. Réfrigérez de 8 à 12 heures. Après ce temps, rincez le magret sous l'eau du robinet 1 minute et asséchez-le bien. Saupoudrez uniformément le magret de piment d'Espelette. Enrobez-le dans un papier absorbant et ficelez-le solidement. Suspendez le magret enveloppé dans le haut de votre réfrigérateur. Le magret est à point après 2 semaines. Si vous l'aimez plus sec, attendez une semaine de plus.

Servir

Lorsque le magret atteint la texture recherchée, taillez des tranches fines. Servez-les à l'apéro ou en entrée, accompagnées d'une salade verte.

Conservation

Surtout ne mettez pas le magret séché dans une pellicule plastique ni un bocal en verre. Entourez-le simplement de papier absorbant ou d'un linge et gardez-le au réfrigérateur jusqu'à 10 jours.

MA VERSION « SAUVAGE » DU VITELLO TONNATO.
DÉPOSEZ-LE SIMPLEMENT AU CENTRE DE LA TABLE ET
RAPIDEMENT, VOUS VERREZ, IL NE RESTERA PLUS RIEN.

Carpaccio, truite confite en mayonnaise et câpres frites — 4 personnes —

360 g (¾ lb) de filet de cerf rouge

2 c. à soupe d'huile d'olive*

1 c. à thé de beurre

125 ml (½ tasse) de persil haché

Zeste de 2 citrons lavés

1 c. à soupe de poivre grossièrement concassé

Sel et poivre du moulin

Accompagnement
Truite confite en mayonnaise (p. 60)

Câpres frites (ci-dessous)

*** Vous pouvez utiliser l'huile qui a servi à confire la truite (p. 28).**

Assaisonnez généreusement la pièce de cerf. Dans une grande poêle, chauffez l'huile et le beurre à feu vif. Lorsque le beurre mousse, faites saisir la viande uniformément de tous les côtés. Pendant la cuisson, mélangez dans une assiette le persil, le zeste et le poivre concassé. Au terme de la cuisson, roulez le filet dans ce mélange. Laissez tiédir le filet avant de l'emballer dans une pellicule plastique. Réfrigérez 25 minutes, le temps de faire la mayonnaise.

Servir
Coupez de fines tranches de viande de 0,5 cm (¼ po) que vous déposerez dans chaque assiette et servirez avec la truite confite en mayonnaise et les câpres frites.

Variante
Le cerf se remplace par du veau, du bœuf, du bison ou même du canard.

Câpres frites

80 ml (⅓ tasse) d'huile végétale

80 ml (⅓ tasse) de câpres

Sel

Dans une petite poêle, chauffez l'huile et faites frire les câpres 2 minutes. Égouttez-les sur un papier absorbant, salez et réservez jusqu'au moment de servir.

.../60

Truite confite en mayonnaise — 250 ml (1 tasse) —

1 jaune d'œuf

1 c. à thé de moutarde de Dijon

125 ml (½ tasse) d'huile d'olive

1 c. à thé de jus de citron

1 petite échalote française hachée finement

125 ml (½ tasse) de truite confite (p. 28) effilochée ou de tout autre poisson en conserve

2 c. à soupe d'aneth haché

Sel et poivre du moulin

Préparez la base de mayonnaise en fouettant l'œuf et la moutarde. Incorporez l'huile en un long filet sans cesser de fouetter. ➿ Lorsque la mayonnaise a atteint la consistance souhaitée, incorporez le jus de citron et assaisonnez. ➿ Ajoutez l'échalote, la truite et l'aneth. Mélangez et réservez au réfrigérateur.

UNE RECETTE TELLEMENT SIMPLE QU'ELLE EN EST PRESQUE TROP FACILE. LA SEULE RÈGLE : UTILISER UNE VIANDE ULTRAFRAÎCHE.

Tartare de cerf, salade d'épinards aux noisettes — 4 personnes, en entrée —

Tartare de cerf

360 g (¾ lb) de cerf

1 c. à soupe de crème sure

1 c. à thé de mayonnaise

1 c. à thé de moutarde de Dijon

4 c. à thé de câpres hachées

½ échalote française hachée finement

3 c. à soupe de ciboulette hachée finement

Sel et poivre du moulin

Salade d'épinards aux noisettes

250 ml (1 tasse) de jeunes épinards

2 c. à soupe d'huile de noix ou de noisette

1 c. à thé de vinaigre balsamique âgé

80 ml (⅓ tasse) de noisettes grillées, grossièrement hachées

Sel et poivre du moulin

Garniture

8 croûtons de baguette grillés

4 c. à thé d'huile d'olive

Le tartare

Taillez le cerf en petits dés. Dans un saladier, mélangez la viande avec tous les ingrédients. Réservez au réfrigérateur jusqu'au moment de servir.

La salade

Dans un bol, mélangez tous les ingrédients.

Le montage

À l'aide d'un emporte-pièce, moulez les tartares dans chacune des assiettes. Déposez 2 croûtons sur le dessus et surmontez de salade d'épinards aux noisettes. Arrosez d'un filet d'huile.

D'INSPIRATION PORTUGAISE AVEC UNE TWIST DU QUÉBEC, CE PLAT FAIT PARTIE CHAQUE ÉTÉ DE MON QUOTIDIEN. PEU IMPORTE LE TYPE DE VOLAILLE UTILISÉ, VOUS VOUS EN LÉCHEREZ LES DOIGTS.

Cailles au barbecue — 3 personnes —

6 petites cailles

4 c. à soupe de sirop d'érable

1 c. à soupe de paprika fumé (pimentón) doux ou 1 c. à soupe de paprika

2 petites gousses d'ail hachées finement

2 c. à thé de moutarde de Dijon

Sel et poivre du moulin

Accompagnement
Salade au chorizo caramélisé (p. 64)

À l'aide de ciseaux, découpez les cailles de chaque côté de la colonne vertébrale et retirez-la. Retournez-les et écrasez de la paume de la main pour les ouvrir en crapaudine. Dans un bol, combinez les autres ingrédients. Frottez les cailles avec le mélange et réfrigérez au moins 2 heures. Préchauffez le barbecue, un côté à feu vif, l'autre, à feu modéré. Huilez les grilles généreusement. Embrochez 2 cailles ouvertes à la fois sur 2 broches en métal. Enfilez-les latéralement, la poitrine et les pattes. Salez la peau généreusement. Déposez les cailles, côté peau, sur le feu vif 4 minutes. Retournez-les et déplacez-les sur le feu moyen, 15 minutes, en les retournant régulièrement, jusqu'à ce qu'elles soient cuites.

Variante
Vous pouvez aussi cuire les cailles au four. Une fois saisies, enfournez-les à 200 °C (400 °F) environ 10 minutes.

UNE SALADE CRÉÉE AVEC MON AMI SÉBASTIEN,
LA DENT LA PLUS SUCRÉE QUE JE CONNAISSE. CONTRAIREMENT
À LUI, JE NE METTRAIS PAS DE SIROP D'ÉRABLE PARTOUT,
MAIS ICI, C'EST ÉCŒURANT !

Salade au chorizo caramélisé — 3 personnes —

80 ml (⅓ tasse) d'huile d'olive

1 morceau de chorizo de 8 cm (3 po) en dés

2 échalotes françaises émincées finement

4 c. à soupe de sirop d'érable

4 c. à soupe de vinaigre de xérès ou de cidre

1 laitue Boston

2 c. à soupe de ciboulette hachée

Sel et poivre du moulin

Dans une poêle, chauffez une cuillerée d'huile à feu vif et faites rôtir les cubes de chorizo. ∞ Ajoutez l'échalote et poursuivez la cuisson 1 minute. ∞ Déglacez avec le sirop d'érable et laissez caraméliser 1 minute. ∞ Mouillez avec le vinaigre, faites réduire de moitié et retirez du feu. ∞ Ajoutez le reste de l'huile et assaisonnez. ∞ Disposez des feuilles de laitue dans une assiette de service, arrosez de vinaigrette et parsemez de ciboulette.

MA TANTE CÉLINE M'A FAIT DÉCOUVRIR LE CROQUANT DU RIZ SAUVAGE. AVEC LES GRAINES DE TOURNESOL GRILLÉES, C'EST DOUBLEMENT CROQUANT ET DOUBLEMENT BON !

Riz sauvage aux jeunes épinards — 2 personnes —

500 ml (2 tasses) de bouillon de poulet ou d'eau

125 ml (½ tasse) de riz sauvage rincé

80 ml (⅓ tasse) de graines de tournesol grillées

250 ml (1 tasse) de jeunes épinards

1 c. à soupe d'huile d'olive

Sel et poivre du moulin

Dans une casserole, faites bouillir le bouillon, ajoutez le riz sauvage et laissez cuire, à feu très doux, 45 minutes, jusqu'à ce que les grains soient à peine croquants. (Le feu doit être très doux, autrement le grain de riz risque d'éclater.) Égouttez. Remettez le riz dans la casserole, incorporez les graines de tournesol, les épinards, l'huile et, à feu doux, réchauffez 1 minute, le temps que les épinards tombent légèrement. Rectifiez l'assaisonnement.

IL EST IMPORTANT DE BIEN LAISSER MARINER LA PINTADE, AU MOINS DEUX HEURES, ET, SURTOUT, DE NE PAS TROP LA CUIRE, UNE VILAINE TENDANCE QUE NOUS DEVONS ABSOLUMENT PERDRE.

Pintade portugaise au barbecue — 2 personnes —

3 gousses d'ail pelées

1 c. à soupe de paprika fort ou de piment moulu

60 ml (¼ tasse) de gros sel

2 branches de romarin effeuillées, hachées

4 c. à soupe de jus de citron

125 ml (½ tasse) d'huile d'olive

125 ml (½ tasse) d'eau

1 petite pintade de 1 kg (2 lb) ou 2 cuisses

Sel

Accompagnement
Riz sauvage aux jeunes épinards (p. 65)

Dans un petit robot ou encore au mortier, pilez ensemble l'ail, le paprika, le gros sel et le romarin. Délayez cette pâte avec le jus de citron, l'huile et l'eau. Coupez en 2 la pintade et, à l'aide d'un couteau, pratiquez quelques petites incisions sur les demi-pintades. Mettez-les dans un plat. Versez la marinade sur la volaille et réfrigérez 4 heures en retournant de temps en temps. Préchauffez le barbecue à haute température et huilez les grilles. Égouttez la pintade et déposez-la, côté peau, sur la grille du bas. Faites griller 10 minutes. (Surveillez la cuisson afin que la pintade ne soit pas exposée aux flammes vives.) Badigeonnez la pintade avec la marinade tout au long de la cuisson. Retournez côté chair et poursuivez la cuisson 15 minutes. Placez ensuite les demi-pintades sur la grille du haut pendant 25 minutes à cuisson indirecte.

Variante

Cette recette convient à toutes les petites volailles (poulet de Cornouailles, perdrix). Il suffit d'adapter la quantité de marinade et le temps de cuisson à la grosseur de la volaille.

MON ONCLE SYLVAIN, UN CHASSEUR ÉMÉRITE, DIT QUE C'EST LA MEILLEURE PERDRIX QU'IL A MANGÉE DANS SA VIE !

Perdrix, sauce aux champignons, pommes de terre au foie gras — 4 personnes —

8 suprêmes de perdrix ou de poulets de Cornouailles, avec ou sans la peau

1 c. à soupe d'huile d'olive

1 c. à soupe et plus de beurre

375 ml (1 ½ tasse) de champignons (pleurotes, portobellos, de Paris...)

1 gousse d'ail hachée

2 branches de thym effeuillées

180 ml (¾ tasse) de vin blanc sec

310 ml (1 ¼ tasse) de crème champêtre 15 %

Sel et poivre du moulin

Accompagnement
Purée de pommes de terre au foie gras (ci-dessous)

Salez et poivrez la chair des perdrix. Dans une grande poêle, à feu vif, chauffez l'huile et le beurre jusqu'à coloration du beurre et faites saisir les suprêmes. Retirez-les et mettez les champignons dans la poêle. Au besoin, ajoutez du beurre. Faites bien colorer les champignons, parsemez l'ail, le thym et versez le vin pour déglacer. Laissez réduire de moitié. Incorporez la crème et laissez réduire du tiers. Baissez le feu, remettez les suprêmes dans la poêle et poursuivez la cuisson de 8 à 10 minutes.

Purée de pommes de terre au foie gras

3 grosses pommes de terre Yukon Gold pelées, en morceaux

100 g (3 ½ oz) de foie gras frais ou en conserve

Lait en quantité suffisante

2 c. à soupe d'oignons verts émincés

Sel et poivre du moulin

Dans une casserole d'eau bouillante salée, faites cuire les pommes de terre jusqu'à ce qu'elles soient tendres. Coupez en cubes le foie gras. Égouttez les pommes de terre et remettez-les dans la casserole. Ajoutez le foie gras et pilez. Détendre avec un peu de lait pour obtenir une purée onctueuse. Assaisonnez et parsemez d'oignons verts.

LA CROÛTE DE SEL PERMET DE GARDER TOUTES LES SAVEURS ET L'HUMIDITÉ À L'INTÉRIEUR. À LA SORTIE DU FOUR, VOUS SUSCITEREZ IMMANQUABLEMENT L'ÉMERVEILLEMENT EN CASSANT LA CROÛTE DEVANT LES YEUX ÉBAHIS DES CONVIVES.

Petite volaille farcie en croûte de sel — 4 personnes —

2 poulets de Cornouailles (pintades, petits faisans) de 800 g (1 ¾ lb) chacun

1 recette de pâte de sel (p. 73)

Poivre du moulin

Farce

125 ml (½ tasse) de couscous

2 c. à thé d'huile d'olive

125 ml (½ tasse) d'eau ou de bouillon de poulet chaud

60 ml (¼ tasse) de raisins secs

½ poivron rouge en dés

2 oignons verts émincés

2 c. à soupe de menthe hachée

2 c. à soupe de coriandre hachée

Sel et poivre du moulin

La farce

Dans un bol, mélangez parfaitement le couscous et l'huile. Versez l'eau chaude et laissez reposer 5 minutes. Ajoutez le reste des ingrédients et réservez.

La volaille

Préchauffez le four à 200 °C (400 °F). Remplissez les volailles avec la préparation de couscous. Déposez chacune au centre d'une abaisse de pâte de sel. Poivrez et rabattez la pâte par-dessus en vous assurant d'enfermer complètement la volaille. Enfournez 1 h 15.

Servir

Brisez la croûte de sel et dégagez la volaille. À l'aide d'un couteau, levez les suprêmes en suivant la colonne vertébrale et détachez les cuisses. Récupérez le couscous dans la cavité et servez.

N. B. Cette méthode offre non seulement un spectacle visuel, mais aussi une qualité de cuisson sans pareille : ce sont tous les avantages d'une cuisson à l'étouffée, mais dans un matériau naturel.

.../73

Pâte de sel

2 l (8 tasses) de farine

625 ml (2 ½ tasses) de gros sel

250 ml (1 tasse) de sel fin

2 blancs d'œufs battus

750 ml (3 tasses) et plus d'eau

Sur un plan de travail, mélangez la farine, le gros sel et le sel fin, et formez un puits au centre. Versez les blancs d'œufs et l'eau. Incorporez graduellement les ingrédients secs au liquide. Séparez la pâte en 2 boules. Pétrissez pour obtenir une consistance suffisamment malléable pour être abaissée au rouleau. (Vous pouvez faire la pâte à l'avance.) Lorsque la volaille est prête, à l'aide d'un rouleau à pâte, étalez chaque boule de pâte de sel afin de former deux larges cercles de 0,5 cm (¼ po) d'épaisseur.

LE FROMAGE QUI FOND
ET SE MÊLE AUX CHAMPIGNONS ET AU
GRAS DU MAGRET, DÉCADENT !

Magrets de canard farcis aux champignons et au fromage — 4 personnes —

500 ml (2 tasses) de champignons tranchés (de Paris, portobellos, pleurotes...)

80 ml (⅓ tasse) d'huile d'olive

2 gousses d'ail hachées finement

125 ml (½ tasse) de persil haché

2 magrets de canard de 360 g (¾ lb) chacun

120 g (4 oz) de fromage à pâte demi-ferme (Fou du Roy, Migneron, Victor et Berthold), en tranches

Sel et poivre du moulin

Dans une grande poêle très chaude, faites sauter les champignons dans l'huile de 8 à 10 minutes. Afin d'obtenir une belle coloration, ne remuez pas souvent. Au besoin, ajoutez un peu d'huile en cours de cuisson. ∞ À la dernière minute, ajoutez l'ail, le persil et assaisonnez. Réservez. ∞ Retirez des magrets une mince couche de gras. Pratiquez des incisions dans le gras pour permettre à la chaleur de pénétrer plus facilement durant la cuisson. ∞ Entaillez les magrets latéralement sans les couper entièrement et ouvrez-les à plat. Salez et poivrez l'intérieur. Déposez la moitié des champignons et du fromage dans chacun. Roulez en boudin et ficelez-les solidement ou maintenez-les fermés à l'aide de cure-dents. ∞ Préchauffez le four à 230 °C (450 °F). Déposez les magrets côté gras dans une poêle chaude et faites rôtir, à feu vif. Retournez pour bien saisir tous les côtés. ∞ Retirez un peu de gras de la poêle et enfournez 6 minutes. Au terme de la cuisson, laissez reposer 5 minutes les magrets couverts de papier d'aluminium.

Servir

Enlevez la ficelle et coupez chaque magret en 4 tronçons égaux. Servez 2 morceaux par personne accompagnés de légumes rôtis, des morceaux de courge, par exemple.

UN CLASSIQUE EUROPÉEN QUI NOUS CHANGE DE LA DINDE. JE VOUS RECOMMANDE FORTEMENT D'ACHETER UNE OIE D'ÉLEVAGE, PARCE QUE PLUMER UNE OIE SAUVAGE, C'EST DE LA JOB !

Oie farcie festive — 6 à 8 personnes —

Farce

80 ml (⅓ tasse) de beurre

3 c. à soupe d'huile d'olive

3 grosses pommes rouges pelées, en cubes de 2 cm (¾ po)

300 g (10 ½ oz) de champignons hachés grossièrement

1 gros oignon haché

2 branches de céleri en dés

4 gousses d'ail hachées finement

5 branches de thym effeuillées

Sel et poivre du moulin

Rôtissage

2 carottes en cubes

2 branches de céleri en dés

1 oignon haché

1 tête d'ail coupée en 2

500 ml (2 tasses) de bouillon de poulet

1 oie de 3 kg (6 ½ lb)

4 c. à soupe de beurre ramolli

Sel et poivre du moulin

La farce

Dans une grande poêle, chauffez 4 c. à thé de beurre avec 1 c. à soupe d'huile et faites dorer les cubes de pomme uniformément. Réservez. Dans le restant du beurre et de l'huile, faites revenir à feu vif les champignons jusqu'à ce qu'ils se colorent. Ajoutez l'oignon, le céleri et poursuivez la cuisson 5 minutes. Hors du feu, incorporez l'ail et le thym, salez, poivrez généreusement et laissez refroidir.

Le rôtissage

Préchauffez le four à 150 °C (300 °F). Couvrez le fond d'une rôtissoire avec les légumes. Versez le bouillon. Asséchez la peau de l'oie, salez, poivrez l'intérieur de la cavité. Remplissez-la avec la farce refroidie. Ficelez les pattes de l'oie pour empêcher la farce de sortir durant la cuisson. Déposez la volaille sur les légumes, étalez le beurre ramolli uniformément sur la peau. Salez et poivrez. Enfournez 3 heures en arrosant régulièrement l'oie de son jus. Augmentez la température du four à 200 °C (400 °F) et poursuivez la cuisson environ 40 minutes. L'oie est cuite lorsque, en piquant la chair, le jus qui s'écoule est translucide.

Servir

Prélevez les deux suprêmes et coupez-les en tranches. Détachez les cuisses et taillez-les en morceaux. Transvidez le jus de cuisson dans une petite casserole. Avec une cuillère, enlevez le maximum de gras (qui flotte en surface) et faites réduire la sauce jusqu'à la consistance désirée. Servez à chaque convive l'oie avec la farce et la sauce en saucière.

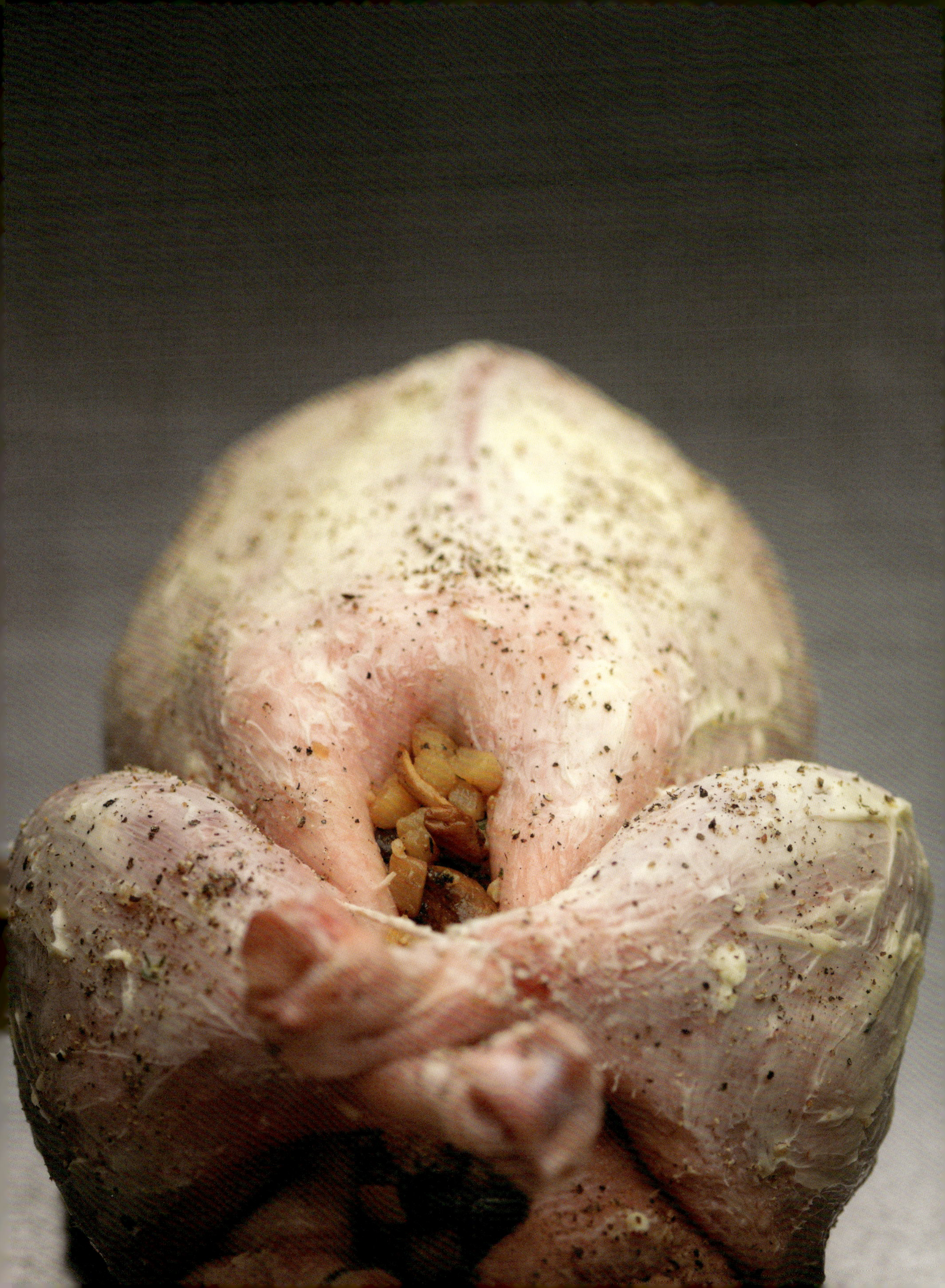

CROUSTILLANTE, FONDANTE, UN BRIN SUCRÉE, LA PASTILLA SE MARIE À TOUTES LES VOLAILLES. ELLE ME RAPPELLE DES SOUPERS DE FAMILLE TRÈS ANIMÉS CHEZ DES AMIS MAROCAINS.

Pastilla — 4 personnes —

1 pintade de 800 g (1 ¾ lb) en 4 morceaux ou toute autre volaille

1 ½ c. à thé de cannelle

2 c. à thé de cumin

2 c. à thé de curcuma

Une pincée de safran

2 c. à soupe d'huile d'olive

1 oignon émincé

3 gousses d'ail hachées

2 c. à soupe de gingembre râpé

6 œufs battus

125 ml (½ tasse) d'amandes grossièrement hachées

1 c. à thé de sucre glace

1 c. à thé de beurre fondu

125 ml (½ tasse) de coriandre hachée

125 ml (½ tasse) de persil haché

Une dizaine de feuilles de pâte filo

3 c. à soupe de beurre fondu

Sel et poivre du moulin

La cuisson de la volaille

Retirez la peau et le surplus de gras de la pintade. ∞ Dans un petit bol, combinez 1 c. à thé de cannelle avec les épices et enduisez la viande du tiers de ce mélange. Salez et poivrez. ∞ Dans une poêle, faites saisir la pintade dans l'huile. ∞ Retirez la viande, ajoutez l'oignon, l'ail et le restant du mélange d'épices. Faites revenir à feu moyen 5 minutes. ∞ Remettez la viande avec le gingembre. Versez assez d'eau pour la couvrir. Rectifiez l'assaisonnement. Baissez le feu et laissez mijoter de 30 à 35 minutes. ∞ Retirez la pintade, désossez et effilochez.

La garniture

Sur la cuisinière, à feu vif, laissez réduire le jus de cuisson jusqu'à ce qu'il épaississe. ∞ Baissez le feu, ajoutez les œufs et faites cuire 5 minutes en remuant constamment. La texture souhaitée est celle d'une sauce très épaisse. Réservez. ∞ Chauffez un poêlon à feu moyen et faites-y colorer légèrement les amandes. Ajoutez ½ c. à thé de cannelle, le sucre et le beurre. ∞ Incorporez la pintade, les amandes et la sauce aux œufs. Ajoutez la coriandre et le persil et rectifiez l'assaisonnement.

La pastilla

Préchauffez le four à 180 °C (350 °F). Couvrez une plaque de papier parchemin. ∞ Badigeonnez de beurre les feuilles de pâte une à la fois et déposez-les sur la plaque en les faisant se chevaucher et en tournant d'un quart de tour à chacune. ∞ Mettez la garniture au centre et refermez, feuille par feuille, pour former une tourte ronde. Badigeonnez de beurre. ∞ Enfournez de 20 à 30 minutes jusqu'à ce que la pastilla soit dorée. ∞ Saupoudrez de sucre glace et servez avec une salade verte.

PAR HABITUDE, ON FAIT SOUVENT LA MÊME FONDUE. POURTANT, FAIRE SON PROPRE BOUILLON EST SI FACILE. APRÈS LE REPAS, GARDEZ-LE ET PRÉPAREZ LA MEILLEURE SOUPE À L'OIGNON DU MONDE.

Fondue chinoise au vin rouge — 4 personnes —

Bouillon

1 c. à soupe d'huile d'olive

1 oignon haché finement

2 gousses d'ail écrasées

1 bouteille de vin rouge

1 l (4 tasses) de bouillon de bœuf

1 feuille de laurier

1 branche de romarin

2 branches de thym

Plateau d'aliments

1 magret de canard

Cubes de 2 cm (¾ po) de poitrines de perdrix, poulet ou toute autre volaille

Cubes de 2 cm (¾ po) de wapiti, sanglier, cerf, bison, orignal

Grosses crevettes décortiquées

Gros pétoncles

Champignons shiitake sans le pied

Grelots précuits dans le bouillon

Bouquets de brocoli ou de chou-fleur blanchis

Accompagnement

Sauce au concombre et menthe (p. 83)

Sauce au soya et sésame (p. 83)

Sauce citronnée (p. 83)

Le bouillon

Dans une casserole, à feu modéré, chauffez l'huile et faites colorer légèrement l'oignon et l'ail. Mouillez avec le vin rouge et laissez réduire des deux tiers. Versez le bouillon et ajoutez le laurier, le romarin et le thym. Portez à ébullition, diminuez le feu et laissez mijoter 25 minutes. Si désiré, faites cuire une dizaine de petits grelots dans le bouillon. Transvidez dans un caquelon à fondue avec les grelots.

Le plateau d'aliments

Seul le magret de canard demande une cuisson préalable. Pratiquez quelques incisions dans le gras du canard. Dans une poêle chaude, déposez le magret côté peau et faites cuire quelques minutes jusqu'à ce que le gras soit croustillant. La chair restera crue, car la cuisson se fera dans le bouillon (on ne veut que le bon goût de noisette du gras cuit). Coupez en cubes de 2 cm (¾ po) le magret. Réchauffez le bouillon avant de déposer le caquelon sur le réchaud à table. Servez le plateau que vous aurez composé avec les sauces.

Conservation

Filtrez le bouillon, faites-le refroidir et congelez. La prochaine fois que vous l'utiliserez pour une fondue, allongez-le avec du vin ou tout simplement un peu d'eau. Vous pouvez aussi vous en servir pour préparer une soupe à l'oignon gratinée.

.../83

Sauce au concombre et menthe

125 ml (½ tasse) de crème sure

125 ml (½ tasse) de mayonnaise

80 ml (⅓ tasse) de concombre en petits dés

2 c. à soupe de menthe hachée

1 c. à thé de jus de lime

Sel et poivre du moulin

Sauce au soya et sésame

125 ml (½ tasse) de yogourt nature

125 ml (½ tasse) de mayonnaise

1 c. à soupe de sauce soya

½ c. à thé d'huile de sésame rôti

1 c. à thé de sauce au poisson (Nuoc Mam)

Sel et poivre du moulin

Sauce citronnée

180 ml (¾ tasse) de yogourt nature

180 ml (¾ tasse) de mayonnaise

2 c. à soupe de bouillon de fondue refroidi (p. 80)

2 c. à soupe de ciboulette hachée finement

Zeste de 1 citron lavé

Sel et poivre du moulin

Dans un petit bol, mélangez tous les ingrédients.

N. B. En préparant vos propres sauces, vous éviterez d'encombrer votre réfrigérateur avec plein de petits pots de sauces entamées.

CERTAINS DIRONT QUE CE N'EST PAS UN « VRAI » CIPAILLE. EN EFFET, CETTE RECETTE EST PLUS SIMPLE ET BIEN MEILLEURE. MAIS CHUT ! NUL BESOIN DE LEUR DIRE, ILS LE DÉCOUVRIRONT EUX-MÊMES.

Cipaille à ma façon — 6 à 8 personnes —

1 kg (2 lb) de gibier (épaule de sanglier, fesse de cerf, lapin, dinde, cuisse d'oie...)

2 c. à soupe d'huile d'olive

1 c. à soupe de beurre

200 g (7 oz) de bacon en lardons

1 oignon haché

375 ml (1 ½ tasse) de vin rouge corsé

8 gousses d'ail pelées

1 feuille de laurier

4 branches de thym

2 branches de romarin

Sel et poivre du moulin

Garniture de légumes

1 panais

½ céleri-rave

1 c. à soupe d'huile d'olive

1 c. à soupe de beurre

6 grelots en morceaux

80 ml (⅓ tasse) de persil haché

Sel et poivre du moulin

Montage

1 abaisse de pâte feuilletée du commerce

1 jaune d'œuf délayé avec de l'eau

Le gibier

Préchauffez le four à 160 °C (325 °F). Coupez la viande en cubes de 2 cm (¾ po). Salez et poivrez. Dans une grande poêle, chauffez l'huile et le beurre à feu vif et, lorsque le beurre mousse, faites revenir la viande. (Afin d'obtenir une belle coloration, ne mettez qu'une petite quantité de cubes à la fois.) Déposez au fur et à mesure la viande saisie dans une marmite. Dans la même poêle, faites revenir les lardons et l'oignon. Déglacez avec le vin rouge et grattez le fond à l'aide d'une cuillère en bois pour décoller les sucs de la viande. Transvidez ce jus dans la marmite et ajoutez l'ail et le reste des aromates. Salez et poivrez. Couvrez d'eau jusqu'à mi-hauteur de la viande. Fermez hermétiquement et enfournez 3 heures. Retirez les aromates. Réservez.

Les légumes

Pelez et coupez en dés le panais et le céleri-rave. Dans une poêle, chauffez l'huile et le beurre, à feu modéré, jusqu'à ce que le beurre mousse et faites dorer légèrement les légumes. Ils doivent rester croquants. Assaisonnez, parsemez de persil et mélangez-les à la viande.

Le montage

Augmentez le four à 200 °C (400 °F). Répartissez le mélange viande et légumes dans des plats individuels ou un grand plat allant au four et couvrez de pâte feuilletée. Entaillez la pâte de quelques ouvertures. Badigeonnez la pâte de jaune d'œuf pour la dorure. Enfournez 25 minutes et servez immédiatement.

Truc

Commandez la viande à votre boucher la veille et demandez-lui de couper les cubes pour vous. Cela représentera une bonne économie de temps.

L'UNE DE MES RECETTES PRÉFÉRÉES, SÛREMENT PARCE QUE JE SUIS UN FAN DE MOUTARDE ET DE LAPIN. POUR MOI, C'EST UN BEAU PLAT D'HIVER QUI RÉCHAUFFE.

Lapin à la moutarde, embeurrée de choux — 4 personnes —

Marinade

2 petites carottes en dés

1 oignon haché

4 gousses d'ail hachées

4 branches de thym

2 branches de romarin

625 ml (2 ½ tasses) de vin blanc

4 cuisses de derrière de lapin ou de lièvre de 225 g (½ lb) chacune

250 ml (1 tasse) de bacon en lardons

2 c. à soupe de moutarde de Dijon

250 ml (1 tasse) de crème 35 %

Sel et poivre du moulin

Accompagnement
Embeurrée de choux (p. 89)

La marinade

Dans un grand sac en plastique refermable, combinez tous les ingrédients de la marinade avec les cuisses de lapin. ∞ Laissez mariner au réfrigérateur 4 heures ou même toute une nuit.

La cuisson du lapin

Préchauffez le four à 160 °C (325 °F). Égouttez les cuisses et filtrez la marinade dans un tamis. Réservez séparément la marinade, les légumes et les aromates. ∞ Dans une grande marmite, faites rissoler, à feu vif, les lardons avec le lapin jusqu'à ce que les cuisses soient dorées de tous les côtés. ∞ Retirez les cuisses, éliminez l'excédent de gras fondu, ajoutez les légumes et les aromates aux lardons et poursuivez la cuisson 3 minutes pour bien les caraméliser. ∞ Déglacez avec le liquide de la marinade et remettez les cuisses. ∞ Couvrez et enfournez de 1 h 30 à 2 heures jusqu'à ce que la viande soit cuite. ∞ Retirez les cuisses et gardez-les au chaud. Jetez les aromates. À feu doux, faites réduire le jus de cuisson de moitié. ∞ Incorporez d'abord la moutarde puis la crème. Remuez et laissez épaissir la sauce (la sauce doit napper le dos d'une cuillère). Rectifiez l'assaisonnement. ∞ Arrosez les cuisses de cette sauce et servez immédiatement avec l'embeurrée de choux.

Variante
Cette recette s'apprête aussi bien avec des cuisses de poulet.

.../89

Embeurrée de choux

250 ml (1 tasse) de bacon en lardons

1 l (4 tasses) de chou vert ou frisé

1 oignon en lamelles

2-3 gousses d'ail finement hachées

375 ml (1 ½ tasse) de bouillon de poulet

125 ml (½ tasse) de vin blanc

80 ml (⅓ tasse) de beurre en cubes

80 ml (⅓ tasse) de persil haché

Sel et poivre du moulin

Dans une grande poêle, à feu vif, faites rissoler les lardons jusqu'à ce qu'ils deviennent croustillants. Pendant ce temps, émincez finement le chou. Retirez l'excédent de gras dans la poêle, réduisez le feu et ajoutez l'oignon, l'ail et le chou. Versez le bouillon et le vin blanc. Mélangez, éparpillez les cubes de beurre, salez et poivrez. Couvrez d'un papier d'aluminium et laissez cuire, à feu doux, de 25 à 30 minutes. Durant la cuisson, remuez à quelques reprises. C'est prêt lorsque le chou est translucide et le liquide, entièrement absorbé. Rectifiez l'assaisonnement et incorporez le persil au moment de servir.

QUEL SOUVENIR, CETTE ENTRECÔTE SAVOURÉE À LONDRES AVEC MA BLONDE ! DE RETOUR À LA MAISON, J'AI RECHERCHÉ CET ÉTAT DE GRÂCE. JE CROIS BIEN L'AVOIR RETROUVÉ...

Entrecôte de cerf, salade de chou-fleur tiède — 2 personnes —

1 entrecôte de cerf de 700 g (1 ½ lb) de 5 cm (2 po) d'épaisseur

250 ml (1 tasse) de petite roquette bien tassée

2 c. à soupe d'huile d'olive

80 ml (⅓ tasse) de parmesan en copeaux

4 c. à thé de vin cotto ou de vinaigre balsamique âgé

3 quartiers de citron lavé

Sel et poivre du moulin

Accompagnement
Salade de chou-fleur tiède (ci-dessous)

Beurre aux câpres, citron et noisettes (p. 94)

Préchauffez le barbecue à haute température et huilez la grille. Salez et poivrez généreusement la viande. Déposez l'entrecôte sur la grille à feu direct. Après 5 minutes, faites pivoter de 90° et poursuivez la cuisson 5 autres minutes pour une cuisson saignante. Retournez l'entrecôte et répétez la manœuvre. Retirez la viande et enveloppez-la dans du papier d'aluminium. Gardez au chaud et laissez reposer 15 minutes. À l'aide d'un couteau, dégagez la chair de l'os, tranchez-la et reconstituez la pièce de viande dans un grand plat de service. Dans un bol, mélangez la roquette et l'huile, assaisonnez et déposez sur la pièce de viande. Parsemez de copeaux de parmesan, arrosez de vin cotto et servez avec les quartiers de citron, le beurre aux câpres, citron et noisettes et la salade de chou-fleur tiède.

Salade de chou-fleur tiède

½ chou-fleur en bouquets

1 c. à soupe de jus de citron

4 c. à thé d'huile d'olive

2 c. à soupe de persil haché

60 ml (¼ tasse) de parmesan râpé

Sel et poivre du moulin

Dans une casserole d'eau bouillante salée, faites blanchir 2-3 minutes le chou-fleur. Égouttez, disposez dans un plat de service, arrosez de jus de citron et d'huile d'olive. Parsemez le persil et le parmesan. Salez et poivrez généreusement.

VOICI UN CLASSIQUE ITALIEN REVISITÉ DANS LEQUEL IL N'Y A PAS DE SAUCE TOMATE, SEULEMENT DE PETITES TOMATES DÉLICATEMENT EXPLOSÉES. AVEC UNE PURÉE DE PATATES, C'EST INCROYABLE !

Osso buco de chevreuil et d'endives — 4 personnes —

1 kg (2 lb) de jarrets de chevreuil (cerf, orignal) en 4 tranches épaisses de 4 cm (1 ½ po)

Farine en quantité suffisante

2 c. à soupe et plus d'huile d'olive

2 c. à soupe de beurre

8 échalotes françaises coupées en 2

1 grosse tête d'ail coupée en 2

4 petites carottes râpées

375 ml (1 ½ tasse) de vin blanc

750 ml (3 tasses) de bouillon clair (p. 95)

6 branches de thym

4 endives, les premières feuilles retirées

24 tomates cerises

Sel et poivre du moulin

Accompagnement
Gremolata (p. 94)

Préchauffez le four à 180 °C (350 °F). Déposez la viande dans une assiette et farinez des deux côtés. Dans une grande poêle, chauffez l'huile et le beurre. Attendez que le beurre mousse et faites dorer, à feu vif, les tranches de chaque côté. Retirez la viande. Si la farine a brûlé dans le fond de la poêle, nettoyez-la avant de verser un peu d'huile pour faire colorer l'échalote, l'ail et la carotte. Déglacez avec le vin et le bouillon clair. Dans un plat allant au four, déposez les tranches de jarret, versez la préparation de légumes sautés ainsi que le thym, couvrez et enfournez. Après 1 heure, ajoutez les endives et les tomates cerises et poursuivez la cuisson 1 heure. La chair doit se détacher facilement de l'os. Si la sauce est trop claire, retirez la viande et faites réduire sur un feu vif. Rectifiez l'assaisonnement.

Servir

Disposez dans chaque assiette une tranche de jarret avec une endive et quelques tomates cerises et parsemez de gremolata. Une purée de pommes de terre, une pâte aux œufs ou un couscous accompagne à merveille ce plat.

LA GREMOLATA EST UN CONDIMENT ITALIEN SOUVENT ASSOCIÉ À L'OSSO BUCO. VARIEZ LA QUANTITÉ DES INGRÉDIENTS SELON VOTRE GOÛT.

Gremolata — 250 ml (1 tasse) —

180 ml (¾ tasse) de persil haché

1 gousse d'ail hachée

125 ml (½ tasse) d'huile d'olive

60 ml (¼ tasse) de parmesan fraîchement râpé

Zeste de 2 citrons lavés

Sel et poivre du moulin

Dans un bol, combinez tous les ingrédients.

Servir

Avec l'osso buco (p. 92) et avec toute autre viande saisie ou mijotée.

Beurre aux câpres, citron et noisettes

225 g (½ lb) de beurre ramolli

4 c. à soupe de câpres hachées

Zeste de 2 citrons lavés

2 c. à soupe de persil haché

80 ml (⅓ tasse) de noisettes grillées grossièrement hachées

Sel et poivre du moulin

UN BEURRE AROMATISÉ QUE VOUS LAISSEREZ FONDRE SUR VOS POISSONS ET VIANDES GRILLÉS.

Dans un bol, combinez tous les ingrédients pour obtenir un mélange homogène. Déposez le tout sur une pellicule plastique et roulez en un boudin serré d'environ 5 cm (2 po) de diamètre. Réfrigérez au moins 1 heure avant de détailler en rondelles de 1 cm (3/8 po).

Conservation

Ce que vous n'aurez pas utilisé, gardez-le au congélateur et sortez-le au besoin.

RIEN NE VAUT UN BOUILLON MAISON CAR, UNE FOIS REFROIDI, IL PREND UNE CONSISTANCE GÉLATINEUSE QUE VOUS N'OBTIENDREZ JAMAIS AVEC UN BOUILLON DU COMMERCE.

Bouillon clair

1 c. à soupe d'huile d'olive

1 petit oignon en quartiers

2 branches de céleri en tronçons

2 carcasses de poulet grossièrement concassées

1 feuille de laurier

3 branches de thym

4-5 grains de poivre noir

Dans une grande casserole, chauffez l'huile et faites suer l'oignon et le céleri 2 minutes. Ajoutez les carcasses de poulet et couvrez d'eau froide aux trois quarts (il ne faut pas que les carcasses soient entièrement couvertes). Ajoutez le laurier, le thym et les grains de poivre. Amenez à légère ébullition et laissez mijoter à découvert 1 h 30. Filtrez le bouillon avant de le transvider dans des contenants de 1 l (4 tasses) qui se prêtent éventuellement à la congélation.

Fond brun

Si vous désirez un bouillon foncé, à feu vif, faites brunir les morceaux de carcasse dans l'huile, ajoutez les légumes et laissez rissoler jusqu'à coloration. Couvrez d'eau froide aux trois quarts et ajoutez les aromates. Amenez à légère ébullition et laissez mijoter 1 h 30. Filtrez le fond. Transvidez dans des bocaux de 250 ml (1 tasse) et conservez-les au congélateur pour vos préparations de sauces.

Variante

Vous pouvez substituer les carcasses de poulet par celles d'autres volailles ou par des os de petits gibiers.

TOUT FEU
TOUT FLAMME

TOUT FEU TOUT FLAMME

Ah, cette belle flamme orangée unique au feu de camp. Tout ce qui danse au-dessus d'elle prend une couleur et un goût sans pareils. En l'écoutant crépiter, après une longue journée au grand air, quoi de mieux que de touiller amoureusement d'une main un onctueux risotto, tout en sirotant de l'autre un bon verre de vin. Et que dire des braises qui rendent fondantes les patates au cheddar et caramélisent à la perfection les pommes parfumées à la cannelle !

TOUT FEU TOUT FLAMME

Se priver en camping ? Certainement pas ! Il faut simplement avoir emporté dans son coin de paradis une glacière bien pensée. Grâce à des aliments faciles à trimbaler tels que thon en boîte, pois chiches, saucissons, parmesan et ce livre plein d'idées, même une salade iceberg devient exquise ! Au matin, il suffit de cueillir quelques baies pour insuffler un peu de nature sauvage à ce décadent pain doré aux guimauves. N'oubliez surtout pas de ramasser du petit bois parce que, en camping comme en amour, il faut entretenir la flamme…

AUCUN RISQUE À PRENDRE AVEC LA CONSERVATION DES ALIMENTS. EN VEILLANT À MAINTENIR UNE TEMPÉRATURE ADÉQUATE DANS LA GLACIÈRE, ON PEUT PRESQUE TOUT TRANSPORTER ET SE FAIRE UNE CUISINE QUI SORT DES SENTIERS BATTUS.

La glacière — et les provisions de base —

À la température ambiante

- bagels, tortillas, pain 12 céréales... l'occasion de mettre de côté le pain blanc
- conserves : poissons, fruits, légumes, légumineuses
- denrées sèches : café, thé, céréales du matin, pâtes, riz et autres céréales (quinoa, couscous), fruits séchés, et bien sûr les guimauves
- eau, huile, vinaigre, sel, poivre, cubes de bouillon, sucre, miel, sirop d'érable, chocolat noir
- fruits et légumes qui ne requièrent pas de réfrigération
- emballages Tetra Pak : jus, lait, soupe en petits contenants, car un produit ouvert doit toujours être réfrigéré
- bière et vin (indispensables). Les ruisseaux rafraîchissent une bonne bouteille en un temps record !

Au frais dans la glacière

- condiments : ketchup, moutarde, betteraves et concombres marinés (l'acidité protège vos aliments)
- aliments surgelés sous vide (viandes, tomates séchées, pesto) en quantité appropriée (on ne veut pas de restes après le repas)
- beurre et œufs, bien protégés car, si la coquille se fêle, ils ne se conservent pas
- salade iceberg, elle reste croquante et ne nécessite pas d'essoreuse
- fromages à pâte ferme (cheddar, gruyère et bloc de parmesan) pour rehausser la saveur de tous les plats
- charcuteries : préférez les saucissons secs et les viandes séchées (prosciutto, viande des Grisons) et consommez-les rapidement
- mets cuisinés, congelés ou emballés sous vide (comme le canard confit) pour le premier jour

Un peu d'organisation

- placez l'eau, les jus, le beurre et les viandes au congélateur (ils dégèleront lentement et contribueront à conserver la glacière froide)
- préparez à l'avance le musli, les barres granola, le pesto…
- évitez la contamination en mettant vos aliments dans des sacs en plastique
- utilisez le papier d'aluminium pour emballer, garder au chaud ou cuire sur braises
- protégez votre « garde-manger » des insectes en le couvrant d'une moustiquaire (mais ne vous y fiez pas pour les ours !)
- prévoyez de très bonnes recettes…

CE MÉLANGE, DONT LES INGRÉDIENTS SONT CARAMÉLISÉS DANS LE MIEL, PEUT ÊTRE BONIFIÉ À VOTRE GUISE. JOLIMENT EMBALLÉ, CELA S'OFFRE AUSSI TRÈS BIEN EN CADEAU.

Musli maison — 2,5 l (10 tasses) —

5 c. à soupe de miel

5 c. à soupe de sirop d'érable

80 ml (⅓ tasse) de beurre

1,5 l (6 tasses) de flocons d'avoine (gruau)

250 ml (1 tasse) de flocons de noix de coco non sucrée

250 ml (1 tasse) de canneberges séchées

250 ml (1 tasse) d'amandes grossièrement hachées

125 ml (½ tasse) de graines de lin

Préchauffez le four à 190 °C (375 °F). Dans une petite casserole, chauffez le miel, le sirop d'érable et le beurre. Dans un grand bol, mélangez les ingrédients secs, ajoutez le sirop chaud en remuant avec une cuillère en bois. Étalez le tout sur une plaque à cuisson couverte de papier parchemin et enfournez jusqu'à ce que le musli soit doré et croustillant, environ 25 minutes. Afin d'obtenir une coloration uniforme, retournez le mélange 2-3 fois.

Servir
En céréales sèches, à l'heure de la collation, ou avec du lait au petit-déjeuner.

Barre granola mitaine — 20 barres —

1 l (4 tasses) de flocons d'avoine (gruau)

250 ml (1 tasse) de pistaches hachées

180 ml (¾ tasse) de beurre fondu

125 ml (½ tasse) de miel

1 l (4 tasses) de petites guimauves

125 ml (½ tasse) de gingembre confit en dés

125 ml (½ tasse) de chocolat noir en morceaux

UNE BARRE TENDRE VRAIMENT TENDRE.
CE SERA LA COLLATION ÉNERGÉTIQUE LA PLUS COOL.

Préchauffez le four à 190 °C (375 °F). Sur une plaque à cuisson couverte de papier parchemin, combinez les flocons d'avoine, les pistaches, le beurre fondu et le miel. Mélangez pour bien enrober les ingrédients secs. Enfournez 15 minutes jusqu'à ce que le mélange soit bien grillé. Transvidez immédiatement dans un grand bol. Au micro-ondes, faites fondre les guimauves 1-2 minutes. Ajoutez les guimauves fondues aux autres ingrédients et mélangez. Laissez refroidir avant d'incorporer le gingembre et le chocolat. Tapissez un plat de 23 x 33 cm (9 x 13 po) de pellicule plastique. Étalez le mélange. Recouvrez d'une autre pellicule plastique et pressez avec les doigts pour bien compacter le granola. Réfrigérez 1 heure avant de couper en barres de 4 x 10 cm (1 ½ x 4 po).

D'ORIGINE TUNISIENNE, CETTE SAVOUREUSE SOUPE EST FAITE D'INGRÉDIENTS QUI SE CONSERVENT FACILEMENT.

Soupe aux pois chiches façon lablabi — 4 personnes —

4 c. à soupe d'huile d'olive

4 gousses d'ail hachées

½ c. à thé de cumin

1,5 l (6 tasses) d'eau

1 cube de bouillon de poulet

1 boîte de 540 ml (19 oz) de pois chiches rincés et égouttés

4 c. à thé de pesto (p. 118) ou 2 c. à soupe de menthe hachée

2 pains pitas grillés sur le feu

1 lime en quartiers

Sel et poivre du moulin

Dans une casserole posée sur un réchaud au gaz ou un feu de camp, chauffez 2 cuillerées d'huile et faites dorer légèrement l'ail 30 secondes. Saupoudrez de cumin et poursuivez la cuisson 1 minute. ∞ Versez l'eau, ajoutez le cube de bouillon et portez à ébullition. Laissez mijoter environ 5 minutes. Rectifiez l'assaisonnement. ∞ Pendant ce temps, partagez les pois chiches dans 4 bols et, à l'aide d'une fourchette, écrasez-les grossièrement. Mettez une petite cuillerée de pesto dans chaque bol et mélangez aux pois chiches. ∞ Surmontez de pitas grillés que vous aurez brisés en morceaux au préalable. ∞ Versez le bouillon brûlant dans les bols, arrosez d'un filet d'huile d'olive et servez avec les quartiers de lime.

JE SUIS CONTRE LA SALADE ICEBERG. MAIS, POUR LE CAMPING, JE CHANGE D'OPINION. NON SEULEMENT ELLE EST TRÈS RÉSISTANTE, MAIS NUL BESOIN D'ESSOREUSE POUR EN RETIRER LE SABLE.

Salade de pomme, radis, concombre — 4 personnes —

1 petite pomme de laitue iceberg

1 pomme verte

1 concombre moyen non pelé

6 radis

4 c. à thé de jus de citron

4 c. à soupe d'huile d'olive

Sel et poivre du moulin

Déchiquetez la laitue, détaillez la pomme en bâtonnets. Lavez le concombre et coupez en fines rondelles. Faites de même pour les radis. Dans un saladier, combinez les légumes. Arrosez de jus de citron et d'huile. Salez et poivrez généreusement.

Variante

Pour transformer votre salade en une salade-repas protéinée, ajoutez du canard confit effiloché.

PROFITEZ DU FEU DE CAMP POUR FAIRE GRILLER À POINT VOTRE POIVRON. AVEC SON ŒUF, CE SANDWICH OUVERT EST UN VÉRITABLE REPAS COMPLET.

Tartines rustiques, œufs mollets — 2 personnes —

2 tranches de pain épaisses (miche, de campagne, de grains entiers)

1 gousse d'ail coupée en 2

2 c. à soupe d'huile d'olive

Des tranches de jambon séché (prosciutto, speck), de saucisson ou de canard séché (p. 56)

1 tomate bien mûre en dés

2 cœurs d'artichaut dans l'huile, en quartiers

½ poivron rouge grillé sur le feu, en lamelles

Cheddar fort en copeaux

Sel et poivre du moulin

Faites griller les tranches de pain sur une grille au-dessus du feu. Frottez l'ail sur les tranches encore chaudes et arrosez d'huile. ➰ Mettez une tartine dans chaque assiette, disposez le jambon et garnissez du reste des ingrédients. ➰ Servez avec un œuf mollet sur le dessus puis salez et poivrez généreusement.

Œufs mollets

2 œufs

Pour réussir les œufs mollets, utilisez des œufs tempérés (ainsi, ils ne fêleront pas au contact de l'eau chaude). Plongez les œufs dans une eau bouillante et faites cuire 5-6 minutes : le blanc sera ferme et le jaune, coulant. Pour arrêter la cuisson, plongez-les immédiatement dans l'eau froide. ➰ Écaillez-les seulement quand vous êtes prêt à servir.

CETTE « TARTIFLETTE DU CAMPEUR » EST DESTINÉE À CEUX QUI MAÎTRISENT BIEN LEUR FEU DE CAMP. SUCCULENTE, MAIS PLUTÔT PESANTE, PRÉFÉREZ-LA À L'HEURE DU SOUPER PLUTÔT QU'AU LUNCH.

Saucisson au vin rouge, patates sur la braise — 2 personnes —

2 c. à soupe d'huile d'olive

1 oignon émincé finement

2 gousses d'ail coupées en 2

375 ml (1 ½ tasse) de vin rouge

1 saucisson de 20 cm (8 po) en rondelles de 0,5 cm (¼ po)

2 petites pommes de terre avec la peau, lavées

125 ml (½ tasse) de cheddar fort râpé

Sel et poivre du moulin

Allumez un feu de camp et attendez les premières braises. ∞ Déposez une poêle en fonte sur la grille, chauffez l'huile et faites suer l'oignon et l'ail. ∞ Mouillez avec le vin rouge et ajoutez les rondelles de saucisson. Couvrez la poêle de papier d'aluminium et poursuivez la cuisson 10 minutes au-dessus d'un feu modéré. ∞ Pendant ce temps, détaillez les pommes de terre en fines tranches. ∞ Retirez le papier d'aluminium et disposez les tranches en rosace sur le saucisson. Salez et poivrez. Parsemez au-dessus le fromage. Huilez généreusement un papier d'aluminium et recouvrez la poêle en refermant bien tout autour. ∞ Retirez la grille du feu et déposez la poêle directement sur les braises. Couvrez la poêle de braises et faites cuire de 8 à 10 minutes jusqu'à ce que les pommes de terre soient tendres.

Servir

Une salade croquante préparée avec de la laitue iceberg pourrait très bien accompagner ce plat!

IL EST ASSEZ DÉLIRANT DE FAIRE GRILLER DES CUISSES DE GRENOUILLES, PAR UN BEAU SOIR D'ÉTÉ, TOUT EN ÉCOUTANT LEUR CHANT EN TOILE DE FOND.

Cuisses de grenouilles BBQ — 2 personnes —

10 paires de cuisses de grenouilles*

4 c. à thé d'assaisonnement au barbecue

2 c. à soupe d'huile d'olive

375 ml (1 ½ tasse) de semoule de maïs fine pour polenta

3 c. à soupe de beurre

1 citron en quartiers

Sel

*** Se trouvent chez votre poissonnier au comptoir des surgelés.**

Allumez un feu de camp ou le barbecue. Pratiquez quelques entailles sur les cuisses de grenouilles. ∞ Mélangez l'assaisonnement au barbecue et l'huile d'olive. Enduisez les cuisses de cette préparation en frottant avec vos mains pour bien les imprégner. Laissez reposer 15 minutes. ∞ Mettez la semoule de maïs dans un sac en plastique et enrobez généreusement chaque paire de cuisses. ∞ À partir d'ici, deux options s'offrent à vous : faire griller les cuisses directement sur la grille préalablement huilée ou, encore, dans une poêle, dans laquelle vous aurez fait mousser le beurre. Dans les deux cas, la cuisson est de 2-3 minutes de chaque côté. ∞ Lorsque les cuisses de grenouilles sont prêtes, déposez-les sur un papier absorbant et servez-les immédiatement, saupoudrées de sel et arrosées de jus de citron.

N. B. Dans la glacière, transportez les cuisses encore surgelées, elles décongèleront doucement et vous pourrez les utiliser une fois sur le site.

FACILE, RAPIDE ET À SE ROULER PAR TERRE. À PRÉVOIR COMME PREMIER SOUPER, UNE FOIS LA TENTE INSTALLÉE, ALORS QUE VOUS AUREZ ENCORE DES INGRÉDIENTS FRAIS SOUS LA MAIN.

Filet de porc, sauce au yogourt — 2 personnes —

1 filet de porc de 300 g (10 ½ oz)

2 c. à soupe de moutarde de Dijon

1 gousse d'ail hachée

2 c. à soupe de sirop d'érable

4 tranches de bacon

250 ml (1 tasse) de petite roquette

Sel et poivre du moulin

Sauce au yogourt

1 petit pot de 175 g de yogourt nature

1 c. à thé de moutarde de Dijon

½ gousse d'ail écrasée

1 c. à thé d'huile d'olive

Sel et poivre du moulin

Accompagnement
Aubergine grillée (p. 115)

La marinade

Enduisez le filet de porc de la moutarde et de l'ail. Salez et poivrez. Déposez la pièce de viande sur un papier d'aluminium, arrosez de sirop d'érable et refermez en papillote. Laissez mariner environ 2 heures dans la glacière.

La cuisson

Allumez un feu de camp. Dans une poêle, faites cuire les tranches de bacon. Pendant ce temps, coupez le filet de porc en 2 sur la longueur. Salez et poivrez l'intérieur. (Conservez le papier d'aluminium et le jus de la marinade.) Déposez les tranches de bacon sur un demi-filet, surmontez de petite roquette et superposez l'autre demi-filet. Ficelez le boudin et déposez-le sur la grille. Faites saisir la viande de tous les côtés et remballez-la dans le papier d'aluminium. Mettez la papillote sur la grille et poursuivez la cuisson 10 minutes. (Veillez à ce que la papillote ne soit pas au-dessus des flammes directes.) Retirez le rouleau de la grille et laissez la viande reposer 5 minutes.

Servir

Dans un petit bol, combinez tous les ingrédients de la sauce. Taillez le filet de porc en gros médaillons et disposez dans une assiette de service. Accompagnez de l'aubergine grillée et de la sauce au yogourt.

.../115

Aubergine grillée

1 aubergine moyenne

4 c. à soupe d'huile d'olive

125 ml (½ tasse) de parmesan ou de cheddar râpé

Sel et poivre du moulin

Taillez l'aubergine sur la longueur en tranches de 1,5 cm (½ po) d'épaisseur. Badigeonnez chaque tranche d'huile et assaisonnez généreusement. Sur la grille au-dessus du feu, déposez les tranches et faites-les cuire 7-8 minutes avant de les retourner. Parsemez uniformément de fromage. Poursuivez la cuisson 5 minutes jusqu'à ce que le fromage soit gratiné.

EN CAMPING, LE TEMPS PASSE PLUS LENTEMENT, C'EST DONC LE MOMENT PARFAIT POUR MIJOTER UN ONCTUEUX RISOTTO EN ADMIRANT LE PAYSAGE OU EN CHANTANT AUTOUR DU FEU.

Risotto et thon en boîte — 4 personnes —

60 ml (¼ tasse) d'huile d'olive

½ oignon haché

310 ml (1 ¼ tasse) de riz à risotto*

125 ml (½ tasse) de vin blanc sec

1 l (4 tasses) de bouillon de poulet ou d'eau chaude

180 ml (¾ tasse) de parmesan râpé

3 c. à soupe de beurre

1 boîte de 199 ml (7 oz) de maïs en grains, égoutté

2 boîtes de 160 g de thon Rio Mare à l'huile d'olive, égoutté

Sel et poivre du moulin

*** Il ne faut pas rincer le riz sous l'eau, ce qui lui ferait perdre son amidon.**

Allumez un feu de camp ou utilisez un réchaud au gaz. Chauffez l'huile dans une poêle à haut rebord et faites revenir l'oignon et les grains de riz 1 minute. (La poêle ne doit pas être au-dessus des flammes directes.) Versez le vin et, à l'aide d'une cuillère en bois, brassez jusqu'à l'évaporation du liquide. Procédez de la même façon pour le bouillon, en l'ajoutant graduellement et en remuant constamment, jusqu'à absorption complète du liquide. (Cette étape prend généralement entre 15 et 20 minutes.) Le riz doit être souple, mais encore légèrement croquant. Incorporez le parmesan et le beurre, rectifiez l'assaisonnement. Le résultat doit être coulant et crémeux. Dans le cas contraire, rajoutez un peu de liquide.

Servir

Incorporez le maïs au risotto chaud. Partagez le risotto dans 4 assiettes et garnissez chacune de la moitié d'une boîte de thon. Poivrez et c'est prêt.

LE PESTO, QUE VOUS AUREZ BIEN ENTENDU PRÉPARÉ À L'AVANCE, SE CONSERVE TRÈS BIEN ET PEUT SE SERVIR SUR VOS VIANDES, POISSONS, SANDWICHS, RISOTTOS, ALOUETTE !

Pâtes pesto citron — 2 personnes —

200 g (7 oz) de spaghetti

3 c. à soupe de pesto (ci-dessous)

1 jaune d'œuf

4 c. à soupe de parmesan râpé

Zeste de 2 citrons lavés

Sel et poivre du moulin

Dans une casserole d'eau bouillante salée, faites cuire les pâtes selon les indications sur l'emballage. Égouttez en prenant soin de conserver environ 80 ml (1/3 tasse) d'eau de cuisson des pâtes. ∞ Remettez les pâtes dans la casserole avec l'eau, le pesto, le jaune d'œuf et la moitié du parmesan. À feu doux, mélangez le tout jusqu'à ce que la sauce enrobe les pâtes. Salez et poivrez. ∞ Partagez les pâtes dans deux assiettes, parsemez-les de zeste et du reste de parmesan.

Pesto — 500 ml (2 tasses) —

1,5 l (6 tasses) d'un mélange d'herbes fraîches (basilic, ciboulette, persil, aneth, menthe, roquette...)

80 ml (1/3 tasse) de parmesan fraîchement râpé

2 gousses d'ail hachées

125 ml (1/2 tasse) de noix rôties (noisettes, noix de pin, pacanes...)

180 ml (3/4 tasse) et plus d'huile d'olive

Sel et poivre du moulin

Combinez tous les ingrédients, à l'exception de l'huile, dans le récipient d'un robot culinaire. Broyez, tout en ajoutant graduellement l'huile en un long filet, jusqu'à l'obtention d'une pâte pratiquement lisse. Rectifiez l'assaisonnement. ∞ Remplissez vos bocaux près du bord et couvrez d'une fine couche d'huile. Après chaque utilisation, versez un peu d'huile sur le dessus, ce qui empêchera le pesto de s'oxyder. Conservez le surplus au congélateur.

QUE L'ON SOIT PETIT OU GRAND, CAMPING RIME AVEC GUIMAUVES. CE PAIN DORÉ (IDÉAL POUR PASSER LE PAIN SEC) FERA DE VOS MATINS EN PLEIN AIR UN RÊVE ÉVEILLÉ.

Pain doré, bleuets et guimauves — 2 personnes —

3 œufs entiers

2 c. à soupe de sirop d'érable

1 c. à soupe d'eau

2 tranches épaisses de pain croûté

1 c. à soupe de beurre

2 grosses guimauves

125 ml (½ tasse) de bleuets sauvages ou autres petits fruits

Allumez un feu de camp. Dans un bol, fouettez énergiquement les œufs, le sirop d'érable et l'eau. Laissez s'imbiber les tranches de pain 10 minutes dans ce mélange et égouttez-les. Dans une grande poêle, chauffez le beurre et faites dorer le pain de chaque côté 1-2 minutes. Piquez les guimauves sur 2 longues branches et faites-les griller près de la braise. Écrasez les guimauves sur les pains dorés et servez avec les bleuets.

Pommes farcies sur braises — 2 personnes —

2 pommes rouges moyennes

2 c. à soupe de canneberges séchées

2 c. à soupe de noix mélangées hachées (pacanes, noisettes, amandes)

2 c. à soupe de cassonade

2 bâtons de cannelle

LA POMME EST UN FRUIT MERVEILLEUX QUI SE TRIMBALE FACILEMENT. FONDANTE DANS CE CARAMEL AUX NOIX, ELLE EST TOUT SIMPLEMENT DIVINE.

Allumez un feu de camp et attendez les premières braises. À l'aide d'un couteau ou d'un vide-pomme, retirez le cœur des pommes. Dans un bol, mélangez les canneberges, les noix et la cassonade. Mettez chaque pomme sur du papier d'aluminium double épaisseur, remplissez la cavité du mélange et enfoncez un bâton de cannelle dans chacune d'elles. Refermez le papier d'aluminium et déposez sur les braises pendant 10 minutes. Laissez tiédir avant de servir seules ou avec du yogourt.

N. B. Ne vous privez pas de ce dessert en hiver, et faites cuire les pommes au four à 180 °C (350 °F), 15 minutes.

MERCI

Ce livre, je l'ai fait en pensant à tous les gens qui, comme moi, aiment se retrouver sur un lac ou un sentier.

Ces moments en pleine nature, je les partage avec Patricia et Benjamin. À 8 ans, il a goûté à sa première perdrix l'automne dernier.

Impossible de parler de chasse sans me rappeler Jean Desrochers. Il m'a donné, très jeune, la piqûre de ces expéditions.

Ma gang de chasse : le doyen de la famille, mon oncle Sylvain de Montigny, Céline, Philippe, Anne, Pierre, Louise, Pierre-Luc, Jean-Sébastien, mon petit frère Jean-Michel, ma mère Yolande et Louis-Éric qui, cette année, a enfin rapporté du gibier… Merci à vous tous pour la recette de perdrix et de pommes de terre au foie gras perfectionnée durant nos fameux week-ends de l'Action de grâces. (On ne dira à personne qu'à la réserve faunique Mastigouche la meilleure *trail*, c'est la Boisvert.)

Benoît, mon père, qui m'a laissé manier la scie mécanique à un âge où on ne devrait pas s'amuser avec ce genre de joujou.

Stéphane, mon *partner* de chasse à l'oie, et Martin, notre guide incomparable.

Sébastien et Karine pour la fondue chinoise, encore une fois cobayes… sans le savoir.

Tous ceux avec qui je travaille en cuisine : Charles-Emmanuel, toujours prêt à essayer les recettes, l'équipe des restaurants Simpléchic et Le Local et celle de l'émission *Cuisinez comme Louis*. Ils ont aussi souvent le rôle de « premiers goûteurs ».

À Canal Vie et à Astral qui me soutiennent dans mes projets : Chantal, Lyne, Danielle et Marie.

Merci aux lecteurs et aux téléspectateurs qui me suivent si fidèlement. J'espère qu'ils auront plaisir à m'accompagner sur cette nouvelle piste.

Et plus particulièrement pour ce livre :
Merci à l'équipe Flammarion Québec pour le travail soutenu et à mon éditrice Louise Loiselle.

À Christian, photographe hors pair, qui n'a pas hésité à me suivre en forêt, à bord d'un quatre-roues, à l'affût de la bonne prise, et dont le talent en studio rend les plats si appétissants.

Vanessa Quintal pour ses propos.

Toute ma reconnaissance à Marie-Ève Charron, qui se perd facilement dans les bois, mais qui sait si bien s'orienter en cuisine.

INDEX